용기를 내어 당신이 생각하는 대로 살아야 합니다.
그렇지 않으면 머지않아 당신은 사는 대로 생각하게 될 것입니다.
— 폴 부르제(프랑스의 시인, 철학자)

Il faut vivre comme on pense,
sans quoi l'on finira par penser comme on a vécu.
Paul Bourget

터닝포인트는 삶에 긍정적 변화를 일으키는 좋은 책을 만들기 위해 최선을 다합니다.

동영상 강의로
쉽게 배우는

친절한

기초×활용
코바늘 손뜨개

DIY

니뜨·김선영 지음

터닝
포인트

동영상 강의로 쉽게 배우는
친절한 코바늘 손뜨개 기초 × 활용 DIY

Copyright ⓒ 2018 by Knitt & Kimsunyoung
All rights reserved. First edition Printed 2018, Printed in Koera

2020년 1월 20일 초판 2쇄 발행

지은이	니뜨(김희진, 도희선), 김선영
펴낸이	정상석
펴낸 곳	터닝포인트
등록번호	제2005-000285호
주소	(03991) 서울시 마포구 동교로27길 53 지남빌딩 308호
대표 전화	(02)332-7646
팩스	(02)3142-7646
홈페이지	www.diytp.com
ISBN	979-11-6134-016-6 13630
정가	15,000원
기획·편집	터닝포인트
편집 디자인	앤미디어
표지 디자인	이지선
작품 사진 촬영	이성우(G1-studio)
모델	박가영
과정 사진 촬영	도영찬
도안 일러스트	니뜨, 김선영
스타일링	이규엽
협력 스태프	신진우, 강태영, 윤민선, 윤미진
재료 협찬	니뜨(www.knitt.co.kr)
내용 문의	www.diytp.com
제품 구매 문의	www.knitt.co.kr
원고 집필 문의	diamat@naver.com(터닝포인트는 삶에 긍정적 변화를 가져오는 좋은 원고를 환영합니다).

※이 책에 수록된 모든 내용, 사진이나 일러스트 자료, 부록 DVD 동영상 등을 출판권자의 허락 없이 복제, 배포하는 행위는 저작권법에 위반됩니다.

이 도서의 국립중앙도서관 출판예정도서목록(CIP)은 서지정보유통지원시스템 홈페이지(http://seoji.nl.go.kr)와 국가자료공동목록시스템(http://www.nl.go.kr/kolisnet)에서 이용하실 수 있습니다.(CIP제어번호: CIP2018005000)

PROLOGUE

유난히 추웠던 지난겨울~
털실을 손에 쥐고만 있어도 따뜻함이 느껴지네요.
털실과 바늘이 왔다 갔다 하며 만들어지는 그 기쁨을 전합니다.
사랑의 마음을 담아 작은 소품을 만들어 장식하거나 누군가에게 선물하는 것은 어떨까요.
뜨개질의 따뜻함을 여러분과 나누고 싶습니다.

이 책은 많은 분들이 손뜨개를 더욱 쉽게 배울 수 있도록 50가지의 최신 코바늘뜨기 기법을 1,000컷의 친절한 과정 사진과 동영상 강의로 제공합니다. 또한 생활에 바로 활용할 수 있는 35개의 다양한 손뜨개 작품의 도안과 만들기 방법을 친절하게 소개합니다. 이 책에 수록된 뜨개작품을 하나씩 따라하다 보면 '나도 할 수 있다'는 마음이 들 수 있을 겁니다.

자~ 따뜻함의 세계, 행복한 창조의 세계로 초대합니다.

니뜨 김희진

9살, 우연히 접하게 된 코바늘은 정말 무궁무진한 창의력과 성취감을 맛보게 해주고 커다란 힐링이 되어 주었습니다.
뜨개가 주는 힐링을 많은 사람에게 전하고픈 마음을 그때부터 갖게 되었던 것 같아요.
10대, 20대, 어른이 되고 엄마가 되고 뜨개와 함께 그렇게 성장하며 사람들에게 뜨개질을 알려주는 일을 시작하였습니다.
그리고 지금은 그러한 일들을 기록으로 만들고 있습니다.
이 책이 그 기록의 첫 번째가 되었습니다.
누군가에게 내가 걸어왔던 길을 안내하는 일은 무척이나 설레고 가슴 벅찬 일인 것 같습니다.
이 책을 통하여 많은 사람이 코바늘과 조금 더 가까워질 수 있다면 더 바랄 것이 없겠습니다.
만인이 뜨개질하는 그날,
두 손을 자유로이 쓸 수 있는 그 날까지 저의 뜨개는 계속될 겁니다.

오늘도 행복한 뜨개질 하세요.

김선영

친절한 코바늘 손뜨개 기초×활용 DIY
손뜨개 기본 기법 동영상 강의 200% 활용하기

이 책에서 소개하는 코바늘 손뜨개 기본 기법들을 누구나 쉽고, 재미있게 배울 수 있도록 생생한 저자 직강 동영상 강의를 네이버 행복한 취미생활 DIY 카페(http://cafe.naver.com/diytp) 또는 http://www.diytp.com에 제공합니다. 유튜브에서 "터닝포인트출판사"를 검색하면 터닝포인트출판사의 유튜브 채널(http://www.youtube.com/user/diytp)에서도 시청할 수 있습니다. 코바늘 손뜨개를 시작할 때 알아야 할 실과 바늘 잡는 법, 도안 보는 법, 코바늘로 작품을 만들기 위해 알아야 할 50가지 코바늘 손뜨개 기본 기법 등을 과외 선생님에게 일대일로 특별한 지도를 받는 것처럼 배울 수 있습니다.

〈동영상으로 배울 수 있는 강의〉는 다음과 같습니다.

- 코바늘 도안 보는 법
- 실과 바늘 잡는 법

01 사슬뜨기
02 짧은뜨기
03 긴뜨기
04 1길 긴뜨기
05 2길 긴뜨기
06 빼뜨기
07 짧은뜨기 2코 모아뜨기
08 짧은뜨기 3코 모아뜨기
09 1길 긴뜨기 2코 모아뜨기
10 1길 긴뜨기 3코 모아뜨기
11 짧은뜨기 1코 늘려뜨기
12 짧은뜨기 2코 늘려뜨기
13 1길 긴뜨기 1코 늘려뜨기
14 1길 긴뜨기 2코 늘려뜨기
15 1길 긴뜨기 구멍에 넣기
16 이랑 짧은뜨기
17 이랑 빼뜨기
18 되돌아 짧은뜨기
19 긴뜨기 3코 구슬뜨기
20 1길 긴뜨기 3코 구슬뜨기

21 1길 긴뜨기 5코 팝콘뜨기
22 1긴 긴뜨기 10코 팝콘뜨기
23 1길 긴뜨기 앞걸어뜨기
24 1길긴뜨기 3코 앞걸어뜨기
25 1길 긴뜨기 뒤걸어뜨기
26 조개뜨기
27 솔잎뜨기
28 2길 긴뜨기 접어뜨기
29 X자뜨기
30 Y자뜨기
31 링뜨기
32 칠보뜨기
33 피코뜨기
34 피코 빼뜨기
35 실로 원형코 만들기

36 사슬뜨기로 원형코 만들기
37 가로배색뜨기
38 코바늘 배색(이랑 짧은뜨기)
39 세로배색뜨기
40 둥근 모서리뜨기
41 각진 모서리뜨기
42 사슬로 모티브 연결하기
43 돗바늘로 모티브 연결하기
44 1길 긴뜨기로 모티브 연결하기
45 코바늘 경사 뜨기(짧은뜨기)
46 가로 단춧구멍 만들기
47 세로 단춧구멍 만들기
48 단추 고리 만들기
49 단추싸개 만들기
50 방울 만들기

친절한 코바늘 손뜨개 기초 × 활용 DIY
책의 활용 방법

만들 코바늘 작품
이 섹션에서 만들 코바늘 작품의 완성 사진입니다.

난이도
작품의 난이도를 별의 개수로 표시했습니다. ★ 하나에서 ★★★ 다섯 개까지 별의 수가 많을수록 난이도가 높습니다.

뜨개 기법/기본 기법 동영상 강의
작품을 만들 때 사용되는 코바늘 뜨개 기법을 안내합니다. 행복한 취미생활 DIY 카페에서 제공되는 손뜨개 기본 기법 동영상 강의를 안내합니다.

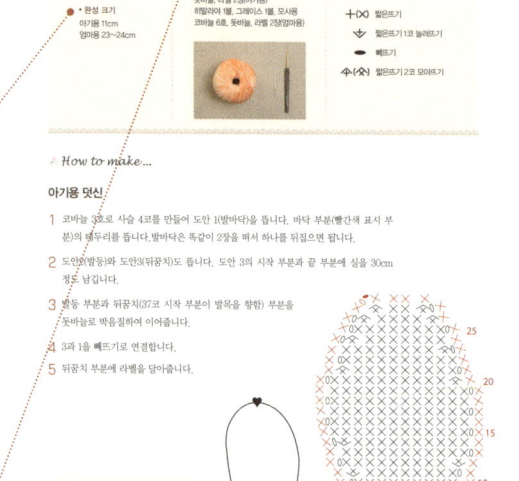

완성 크기
이 책에 소개된 도안대로 만들었을 경우 완성하는 작품의 크기입니다.

준비물
작품을 만드는 데 필요한 실과 코바늘 종류 등을 한눈에 보기 쉽게 알려줍니다.

Tip
오랫동안 작품을 만들면서 터득한 작가의 실전 노하우를 공개합니다.

도안
작품을 만들 때 필요한 작품 도안으로, 작품의 크기나 디자인을 가늠해 볼 수 있어 유용합니다.

만드는 과정 단계
만드는 전체 과정 중 세부 과정의 제목입니다.

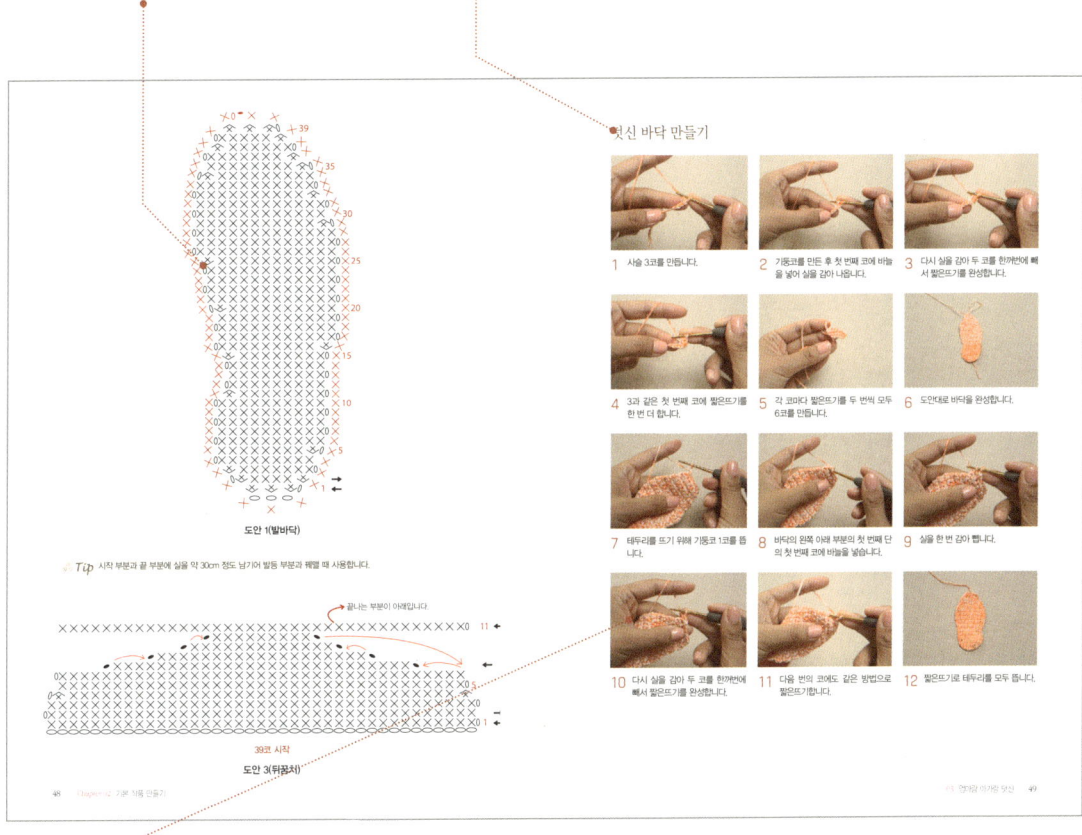

친절한 만들기 과정 따라하기
초보자라도 만드는 과정을 쉽게 따라 할 수 있도록 사진 또는 도안과 설명으로 상세하고 친절하게 설명합니다.

인터넷을 통한 지속적인 서비스

이 책과 관련하여 궁금한 내용은 터닝포인트의 홈페이지(www.diytp.com)나 네이버의 행복한 취미생활 DIY(http://cafe.naver.com/diyt)로 문의주시면 최선을 다해 답변해드리겠습니다.

Contents
차례

PROLOGUE　　　　　　　　　　　　　　5

Chapter 01
코바늘의 기초

실과 바늘　　　　　　　　　　　　16
코바늘 도구　　　　　　　　　　　21
도안 보는 법　　　　　　　　　　　22

Chapter 02
기본 작품 만들기

01 체리블라섬 티코스터
26

02 버블버블 냄비받침&
발매트　　　　　　　34

03 엄마랑 아가랑 덧신
44

04 베이비 원피스
카디건　　　　56

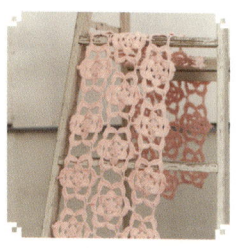

05 컨티뉴어스 테이블
러너　　　　　70

Chapter 03

코바늘 기본 뜨기

01 사슬뜨기	82	
02 짧은뜨기	83	
03 긴뜨기	84	
04 1길 긴뜨기	86	
05 2길 긴뜨기	87	
06 빼뜨기	89	
07 짧은뜨기 2코 모아뜨기	91	
08 짧은뜨기 3코 모아뜨기	92	
09 1길 긴뜨기 2코 모아뜨기	93	
10 1길 긴뜨기 3코 모아뜨기	94	
11 짧은뜨기 1코 늘려뜨기	96	
12 짧은뜨기 2코 늘려뜨기	98	
13 1길 긴뜨기 1코 늘려뜨기	100	
14 1길 긴뜨기 2코 늘려뜨기	102	
15 1길 긴뜨기 구멍에 넣기	103	
16 이랑 짧은뜨기	104	
17 이랑 빼뜨기	105	
18 되돌아 짧은뜨기	106	
19 긴뜨기 3코 구슬뜨기	107	
20 1길 긴뜨기 3코 구슬뜨기	108	
21 1길 긴뜨기 5코 팝콘뜨기	110	
22 1길 긴뜨기 10코 팝콘뜨기	111	
23 1길 긴뜨기 앞걸어뜨기	112	
24 1길 긴뜨기 3코 앞걸어뜨기	113	
25 1길 긴뜨기 뒤걸어뜨기	115	
26 조개뜨기	116	
27 솔잎뜨기	117	
28 2길 긴뜨기 접어뜨기	119	
29 X자 뜨기	120	
30 Y자 뜨기	122	
31 링뜨기	124	
32 칠보뜨기	125	
33 피코뜨기	127	
34 피코 빼뜨기	128	
35 실로 원형코 만들기	129	
36 사슬뜨기로 원형코 만들기	130	

Chapter 04
응용 및 장식

37 가로배색뜨기	134	**44** 1길 긴뜨기로 모티브 연결하기	141
38 코바늘 배색(이랑 짧은뜨기)	135	**45** 코바늘 경사뜨기(짧은뜨기)	142
39 세로배색뜨기	136	**46** 가로 단춧구멍 만들기	144
40 둥근 모서리뜨기	137	**47** 세로 단춧구멍 만들기	146
41 각진 모서리뜨기	138	**48** 단추 고리 만들기	147
42 사슬로 모티브 연결하기	139	**49** 단추싸개 만들기	148
43 돗바늘로 모티브 연결하기	140	**50** 방울 만들기	150

Chapter 05
응용 작품 만들기

06 체크 모던 수세미 154

07 벚꽃 수세미 156

08 어텀 블랭킷 158

09 그레이프 바인 블랭킷 160

10 가을 향기 북마크 162

11 가을정원 티코스터 164

12 짚시 원형 바스켓 166

13 트윙클 미니 트리 169

14 애플러레스 쿠션 171

15 애나벨 코튼 발란스 173

16 도란도란 쿠션&테이블 매트 176

  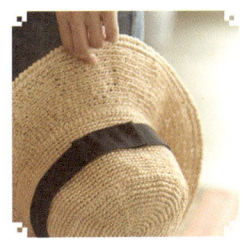 

17 룩스울 버킷 햇 182 **18** 포맨 페도라 184 **19** 파나마햇 188 **20** 산들바람 스카프 190

21 피오나 케이프 192 **22** 플로우 크로셰 넥워머 196 **23** 빈티지 캡 심플 파우치 198 **24** 프렌치 네트백 200

25 코코넛 덤블링 백 203 **26** 배색 클러치 205 **27** 모칠라백 208 **28** 고깔 코바늘 벙어리 장갑 212

29 코코넛 린넨 룸슈즈 214 **30** 모히토 썸머 탱크탑 216 **31** 베이비 튤립 보넷 세트 218 **32** 봄의 요정 베이비 원피스 222

양면 블로킹 매트 활용법 236

   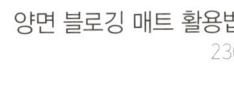

33 카렌 썸머 카디건 228 **34** 모카 판쵸 니트 230 **35** 코바늘 뷔스티에 233

Chapter 01

코바늘의 기초

실과 바늘

실의 종류

울실

양의 털, 즉 양모섬유(앙고라, 캐시미어, 알파카, 라마 등의 섬유)로 만든 실입니다. 울실은 보온성과 흡습성이 뛰어나 겨울용 의류나 머플러, 장갑, 모자 등에 가장 많이 사용합니다.

면실

울실과는 달리 식물섬유로 만들어져 보풀이 적은 실입니다. 실 자체의 탄성은 적은 편이지만 촉감이 부드럽고 통기성이 좋아 주로 유아용품에 많이 사용하는 실입니다. 최근에는 유기농으로 재배된 식물 섬유를 이용한 실들이 많이 나와 있습니다.

리넨 실

일반적으로 마끈으로 알려져 있는 천연섬유인 마 소재의 실을 말하며, 질감이 다소 빳빳하고 거칩니다. 울실이나 면실처럼 부드럽거나 보온성이 좋은 편은 아니지만 튼튼하고 모양을 잘 잡을 수 있다는 장점이 있어 가방이나 소품 뜨기에 적합합니다. 특유의 질감 때문에 여름용 제품에 잘 어울립니다.

울실

면실

리넨 실

아크릴 실

합성섬유인 아크릴을 주성분으로 만들어진 실입니다. 울실보다 가격이 저렴하고 상대적으로 가벼운 중량과 함께 촉감이 매우 부드러워서 대중적으로 많이 알려져 있습니다. 보풀이 잘 생길 수 있는 단점을 보완하기 위해 울 혼방으로 제작되기도 합니다. 아크릴 실은 주로 인형이나 수세미실 같은 소품 만들 때 많이 사용되며, 울과 혼방으로 만들어지는 아크릴 실은 겨울용 머플러나 의류 등에 인기가 좋습니다.

레이스 실

얇은 두께의 가는 꼬임으로 가공되어 레이스 형태의 다양한 모티브 뜨기에 적합한 실입니다. 주로 얇은 면실을 레이스실로 구분하며, 다양한 색감과 광택을 지닌 실입니다. 일반적으로 구정뜨개실(타조뜨개실)을 많이 사용합니다.

특수 소재 실

종이나 레이온, 폴리에스터 등의 합성섬유 소재의 실입니다. 다양한 모양과 질감을 내기 위해 만들어진 실로, 가방이나 모자 등 소품을 만들 때 많이 사용합니다. 천연 소재의 실보다 발색이 좋고, 내구성이 강한 것이 특징입니다.

아크릴 실

레이스 실

특수 소재 실

✽ Tip / 실 라벨 보는 법

모든 실에는 실에 대한 정보를 담고 있는 라벨이 있습니다.
실을 고를 때 필요한 실의 소재와 사용량, 사용할 바늘을 알아두면 편리합니다.

- 실의 소재를 나타냅니다.
- 실에 적당한 바늘의 굵기를 나타냅니다.
- 1볼의 무게를 나타냅니다.
- 세탁할 때의 주의사항입니다.
- 실의 색깔을 나타내는 번호입니다.

✽ Tip / Lot(로트) 번호

염색 번호로, Lot 번호가 다르면 같은 색상이라도 조금씩 차이가 날 수 있습니다. 따라서 같은 색의 실이 필요할 때는 Lot 번호가 같은지 확인하는 것이 좋습니다.

실의 굵기

극세사 : 아주 가는 실로, 보통 2겹을 함께 잡아 떠주는 게 좋다. 2겹으로 뜰 때 레이스 코바늘 4~6호를 이용한다.

합세사 : 극세사보다는 두께감이 있으며 보통 2겹으로 뜬다. 2겹으로 뜰 때 레이스 코바늘 3~5호를 이용한다.

중세사 : 합세사보다 두꺼운 실로 1겹 또는 2겹으로 뜬다. 1겹으로 뜰 때 레이스 코바늘 2~3호를 이용한다.

병태사 : 일반적으로 많이 사용하는 중간 굵기의 실이다. 1겹으로 뜰 때 모사용 코바늘 4~6호를 이용한다.

극태사 : 다소 두꺼운 느낌의 실이다. 1겹으로 뜰 때 모사용 코바늘 7~7.5호를 이용한다.

극태사 : 아주 두꺼운 실로, 보통 1겹으로 뜬다. 1겹으로 뜰 때 모사용 코바늘 7~10호를 이용한다.

바늘의 종류

모사용 코바늘
코바늘뜨기에 가장 많이 사용하는 바늘로, 양쪽에 바늘귀가 달려 있거나 한쪽에 달려 있기도 합니다. 호수가 클수록 굵은 바늘입니다.

레이스 코바늘
가는 실, 레이스 실을 뜰 때 사용하는 바늘입니다. 레이스 코바늘은 호수가 클수록 가늡니다.

돗바늘
코바늘뜨기의 마지막을 정리할 때 사용하는 바늘로, 바늘귀가 넓고 끝이 뭉뚝합니다. 편물을 바느질하거나 편물을 이을 때 유용합니다.

모사용 코바늘

레이스 코바늘

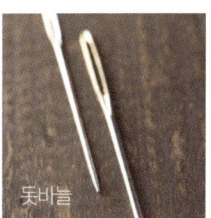
돗바늘

코바늘 굵기와 실의 선택

코바늘 크기와 실의 굵기에 대한 견해는 조금 다를 수 있습니다. 표준방법을 제시한 것이며 솜씨에 따라서 실이나 바늘의 굵기를 조절하여 선택하세요.

바늘의 굵기	호수	굵기(mm)	바늘의 굵기					
			극세사	합세사	중세사	병태사	극태사	극태사
	10호	6.0mm	3~4겹		2~3겹	1~2겹	1~2겹	1겹
	9호	5.5mm	3~4겹		2~3겹	1~2겹	2겹	1겹
	8호	5.0mm	3~4겹		2~3겹	1~2겹	2겹	1겹
	7.5호	4.5mm	2~3겹		2겹	2겹	1겹	1겹
	7호	4.0mm	2~3겹		2겹	2겹	1겹	1겹
	6호	3.5mm	2겹		1~2겹	1겹		
	5호	3.0mm	2겹	2겹	1~2겹	1겹		
	4호	2.5mm	2겹	2겹	1~2겹	1겹		
	3호	2.3mm	1~2겹	2겹	1겹			
	2호		1~2겹		1겹			

레이스 바늘 굵기에 따른 실의 종류

바늘	호수	굵기	실 종류
	0호	1.75mm	합세사 1겹
	2호	1.50mm	극세사 1겹(여름용 실)
	4호	1.25mm	
	6호	1.00mm	
	8호	0.90mm	레이스 실
	10호	0.75mm	
	12호	0.60mm	

실과 바늘 잡는 법

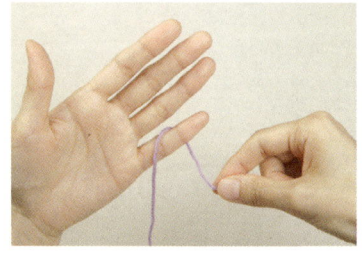

1 오른 손으로 실을 잡고 실을 약지와 새끼 손가락 사이에 끼웁니다.

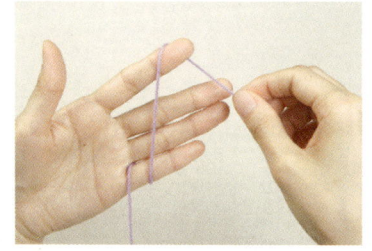

2 실 끝을 잡고 새끼 손가락을 감아서 손 앞에서 위로 올려 검지에 겁니다.

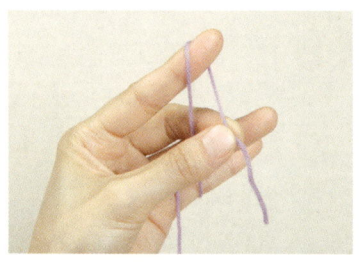

3 검지를 감아 나온 실을 엄지와 중지로 잡습니다.

4 갈고리가 위로 향하게 하여 엄지와 검지로 잡고 중지로 받쳐줍니다.

코바늘 도구

게이지 자
치수를 재어 편물의 게이지를 내는 자로, 일정한 크기 안에 들어가는 콧수와 단수를 잴 수 있습니다. 일자와 사방(사각 형태) 2종류 있습니다.

단수 마커(단수링)
편물의 단에 달아 사용하는 제품입니다. 단수를 체크할 때나 무늬가 들어가야 할 단을 알려줄 때 많이 사용합니다.

콧수 마커(콧수링)
바늘에 끼워 콧수를 표시할 때 사용합니다.

폼폼메이커
니트 방울을 간편하게 만들 수 있는 제품입니다. 털모자 꼭지나 머플러 끝에 다는 방울 등을 만들 때 사용합니다.

도안 보는 법

1 어떤 뜨개법이 있는지 먼저 확인하는 것이 편리합니다.

2 시작 부분과 시작 콧수를 잘 확인하여 뜨기를 시작합니다.

3 도안의 첫 째 단은 코 만들기입니다.

요요 테이블 매트 도안을 예로 들어 설명해 보겠습니다.

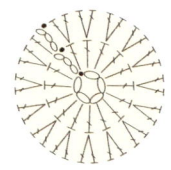
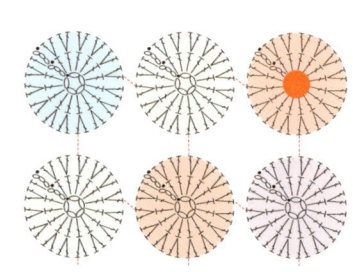

❶ 먼저 모티브 1개를 만들어 보겠습니다. 사슬뜨기 5코를 뜬 후 처음 사슬고리에 빼뜨기를 하여 사슬고리를 만들어줍니다.

❷ 기둥 사슬코 3코를 뜬 후 사슬고리 안으로 1길 긴뜨기 15개를 떠줍니다(기둥코를 포함하여 총 16코). 빼뜨기 하여 1단을 완성합니다.

❸ 2단에서도 기둥 3코를 뜨고 같은 코에 1길 긴뜨기를 뜬 후 각 코마다 1길 긴뜨기를 2개씩 뜨고 빼뜨기로 마무리 합니다(기둥코를 포함하여 총 32코). 요요 모티브 1개 완성입니다.

❹ 두 번째 모티브를 같은 방법으로 1단까지 뜹니다. 2단을 뜰 때 연결부분을 확인하여 1길 긴뜨기를 뜨면서 이어줍니다. 원하는 색상의 배열로 예쁘게 만들어보세요.

※ 모티브를 연결할 때 기둥을 같은 방향으로 두고 연결해야 깔끔합니다!

> ✳ **Tip** 게이지에 대하여
>
> 게이지란 사방 10cm 안에 들어가는 편물의 콧수와 단수를 계산하는 것을 말합니다. 이 게이지를 이용하여 도안에 나와 있는 사이즈가 될 수 있도록 콧수/단수를 조정할 수 있습니다.
>
> ex) 가로/세로 10cm의 편물을 짰을 때 콧수가 20코, 단수가 30단이 나왔다면, 너비(가로) 20cm, 길이(세로) 200cm 의 머플러를 짜야 할 때 몇 코, 몇 단을 떠야 할까요?
> 콧수 : 10cm에 20코가 들어가므로, 20cm에는 2배(20÷10)인 40코를 떠야 합니다.
> 단수 : 10cm에 30단이 들어가므로, 200cm에는 20배(200÷10)인 600단을 떠야 합니다.
> 10cm에 20코, 30단이면, 1cm에 2코, 3단입니다.
> 따라서 너비 20cm에는 (20cm×2코)40코를, 기장 200cm에는 (200cm×3단)600단을 뜨면 됩니다.

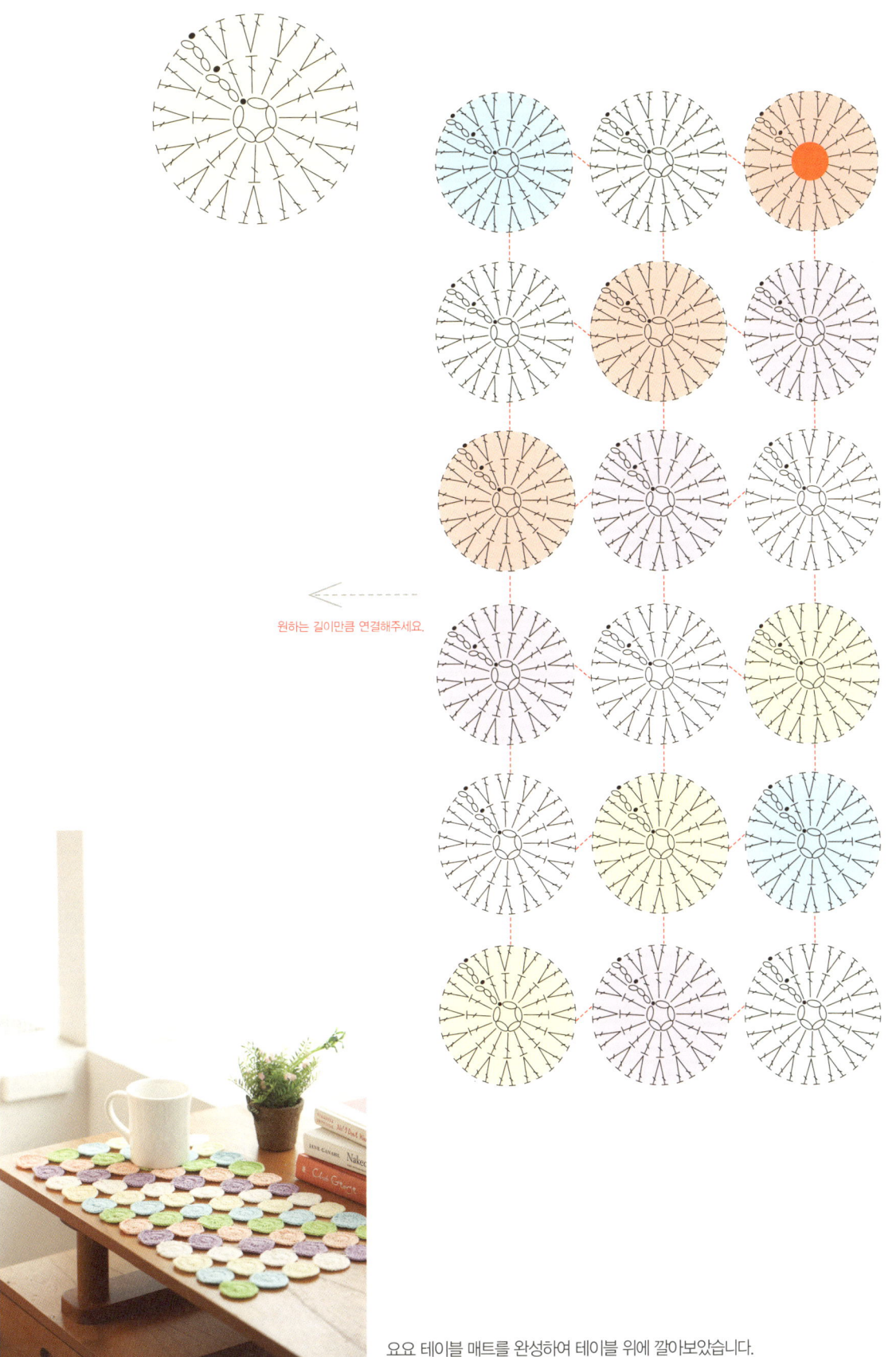

원하는 길이만큼 연결해주세요.

요요 테이블 매트를 완성하여 테이블 위에 깔아보았습니다.

도안 보는 법

Chapter 02

기본 작품 만들기

# 체리블라섬 티코스터

- 난이도
  ★☆☆☆☆

- 완성 크기
  13cm

- 준비물
  허니 2색 각 1볼(1볼≒45g), 모사용 코바늘 5호

- 뜨개 기법
  - ○ 사슬뜨기
  - +(X) 짧은뜨기
  - ∨ 짧은뜨기 1코 늘려뜨기
  - ● 빼뜨기
  - ⊜ 이랑빼뜨기
  - X 이랑 짧은뜨기
  - ∓ 1길 긴뜨기

How to make...

1 모사용 코바늘 5호로 실감아 원형 코로 시작 코를 만듭니다.

2 메인칼라(베이비 핑크)로 10단까지 뜹니다.

3 11단의 빼뜨기는 배색 실(진하늘)로 뜹니다.

4 9단에서 이랑 짧은뜨기한 부분의 남아있는 앞 가닥에(표시 부분부터) 9단~ 11단을 반복하여 떠줍니다. 이때, 꽃잎 부분은 뒷단과 엇갈린 모양이 됩니다.

시작 코 만들기와 1단 뜨기

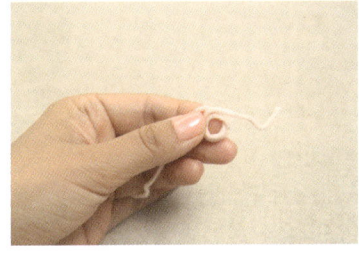

1 실을 두 번 감아 감아코를 만듭니다.

2 감아코 안으로 실을 감아 나옵니다.

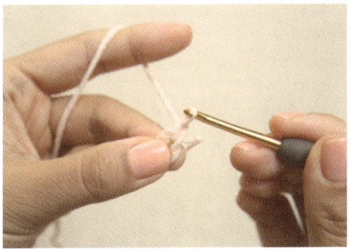

3 짧은뜨기를 뜨기 위한 기둥코로 사슬 1코를 뜹니다.

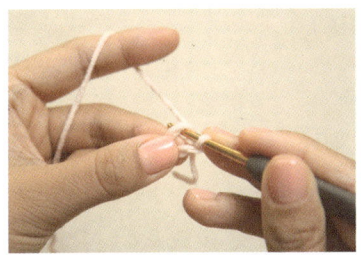

4 감아코 안으로 바늘을 넣습니다.

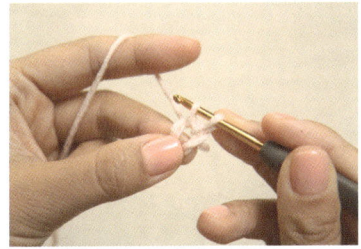

5 실을 감아 나옵니다. 바늘에 걸려있던 코와 감아 나온 코까지 2코가 됩니다.

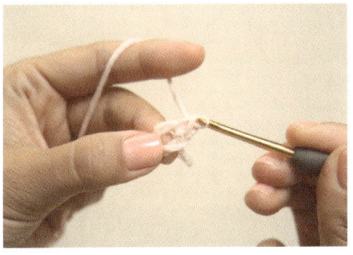

6 실을 감아 두 코를 한꺼번에 빼면 짧은뜨기가 완성됩니다. 같은 곳(감아코)에 모두 7코를 뜹니다.

01 체리블라섬 티코스터

도안 살펴보기

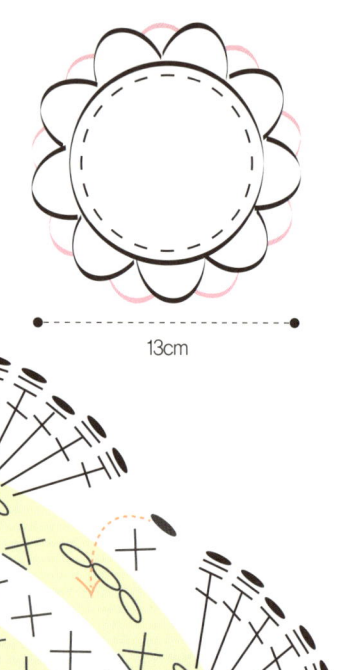

겹단 시작 위치
8단의 이랑 뜨기 하고 남아 있는 앞 가닥에 9~11단을 한 번 더 뜹니다.

돗바늘에 배색 실을 2겹으로 꿰어 8단에 러닝스티치(홈질) 합니다.

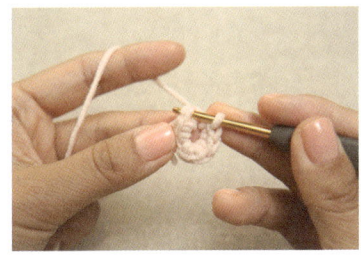

7 7코의 짧은뜨기를 다 떴으면 첫 번째 짧은뜨기 코에 바늘을 넣습니다.

8 실을 감아서 빼면 빼뜨기로 한 단이 마무리됩니다.

9 시작 부분의 남아 있는 실은 구멍이 없어지도록 꽉 잡아당긴 후 편물 뒤쪽에 묶어줍니다.

체리블라섬 티코스터 완성하기

10 사슬 1코로 기둥코를 뜹니다.

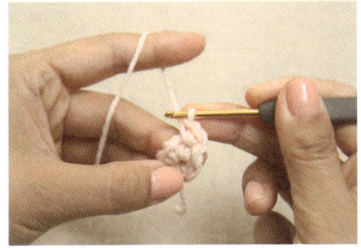

11 코 늘림은 아랫단의 같은 코에 짧은뜨기를 두 번 합니다. 도안과 같이 8단을 뜹니다.

12 9단의 첫 번째 이랑 짧은뜨기입니다. 아랫단 코의 뒤 가닥에 뜹니다.

13 9단의 마지막은 빼뜨기 하지 않고 사슬 1코 후 긴뜨기로 마무리합니다.

14 10단은 사슬 1코 기둥코를 만들고 바로 아래의 빈 칸에 짧은뜨기합니다.

15 바늘에 실을 감고 다음 칸에 넣어 실을 걸어와 1길 긴뜨기를 합니다.

16 1길 긴뜨기를 완성한 모습입니다.

17 같은 칸에 1길 긴뜨기를 8회합니다.

18 다음 칸에 짧은뜨기합니다.

19 짧은뜨기 1코, 1길 긴뜨기 8코를 반복합니다.

20 마지막은 1길 긴뜨기 8코가 됩니다. 코는 그대로 두고 바늘을 뺍니다.

21 편물을 뒤집어서 10단의 첫 번째 짧은뜨기로 바늘을 넣고 빼놓았던 마지막 코를 바늘에 겁니다.

22 실을 걸어 나옵니다.

23 사슬을 한 번 떠주고

24 실을 끊어 마무리합니다.

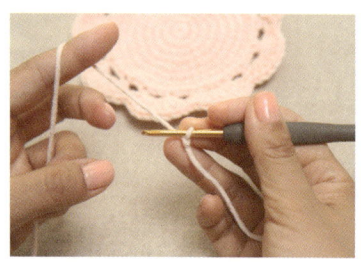
25 2중 겹단의 시작을 위해 시작 코를 만듭니다.

26 9단에서 이랑 짧은뜨기 후 남아있는 앞 가닥에 바늘을 넣습니다.(도안의 겹단 시작 위치 참고)

27 실을 감아 나옵니다.

28 짧은뜨기를 완성합니다.

29 3~15 과정과 같이 뜹니다.

30 2중 겹단이 완성된 모양입니다.

31 11단을 뜨기 위해 배색실로 시작 코를 만듭니다.

32 10단의 짧은뜨기가 있는 부분에서 실을 감아 나옵니다.

33 빼뜨기합니다.

34 다음 코의 뒤 가닥에 바늘을 넣습니다.

35 실을 감아 뺍니다.(이랑빼뜨기)

36 다음 코도 이랑빼뜨기합니다.

37 다음 코는 빼뜨기합니다.

38 꽃잎과 꽃잎 사이 9단의 빈 공간에 바늘을 넣습니다.

39 실을 감아 나와 빼뜨기합니다.

40 마무리는 편물을 뒤집어 첫 번째 코에 바늘을 넣어 마지막 남아 있는 코를 걸어줍니다.

41 걸었던 코를 뺍니다.

42 코를 길게 빼고 실을 자릅니다.

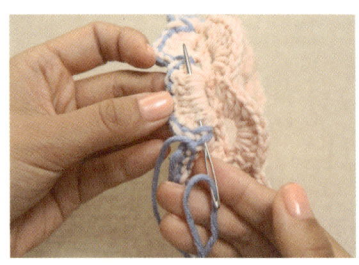  

43 남아 있는 실을 돗바늘에 꿰어 10단의 긴뜨기 사이로 바늘을 넣어 실정리를 합니다.

44 숨겨질 실이 겉으로 삐져나오지 않도록 주의합니다.

45 실이 다 나올 때까지 잡아당깁니다.

46 숨겨진 실의 겉으로 나온 부분을 바싹 자릅니다.

47 체리블라섬 티코스터를 완성한 모습입니다.

01 체리블라섬 티코스터   33

02 버블버블 냄비받침 & 발매트

- 난이도
★★★☆☆

- 완성 크기
냄비받침 13×15cm
발매트

- 준비물
18합 베이지, 브라운, 민트그레이
모사용 코바늘 5호

- 뜨개 기법

○	사슬뜨기
╋(╳)	짧은뜨기
⌒	빼뜨기
⌒⌒	이랑 빼뜨기
╀	1길 긴뜨기
	2길 긴뜨기 접어뜨기
	1길 긴뜨기 10코 팝콘뜨기
	2길 긴뜨기 이랑뜨기

How to make...

냄비받침

1 모사용 코바늘 5호를 사용하여 사슬 21코를 만듭니다.(브라운색)

2 도안과 같이 8단을 뜹니다.

3 민트색 실로 바꾸어 짧은뜨기 1단, 이랑 2길 긴뜨기 1단, 이랑 짧은뜨기를 하며 접어뜨기를 합니다.(사진 참고)

4 베이지색 실로 실을 다시 바꿉니다. 이때, 진행 방향은 편물을 돌리지 않고 전단과 같은 뒷면에서 시작합니다. 도안대로 4단을 뜹니다.

5 민트색 실로 실을 바꾸어 테두리에도 2길 긴뜨기 접어뜨기를 합니다.

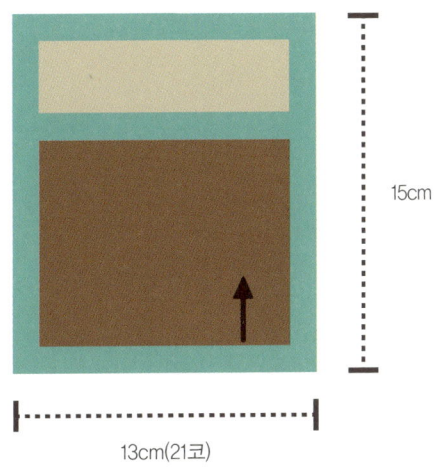

15cm

13cm(21코)

도안 살펴보기

2길 긴뜨기 접어뜨기: 2단째 이랑 2길 긴뜨기를 뜬 후 1단의 짧은뜨기에 남아있는 코의 뒷가닥과 2단의 이랑 2길 긴뜨기 코의 뒷가닥을 함께 짧은뜨기합니다.

1길 긴뜨기 10코 팝콘뜨기

시작 사슬코 만들기

1 바늘에 실을 감아 한 바퀴 돌려 고리를 만들어 줍니다.

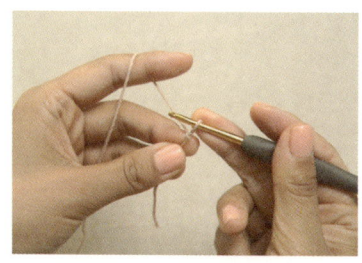

2 실을 감아 고리 안으로 빼면 시작 코가 만들어집니다.(콧수에 포함 되지 않음)

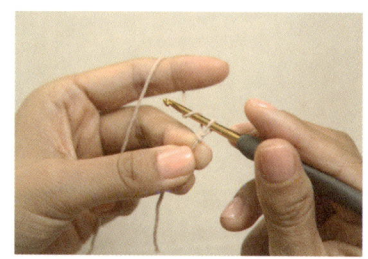

3 바늘에 실을 감아줍니다.

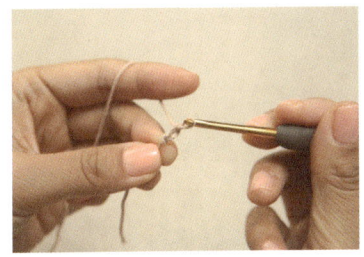 

4 감았던 실을 고리 안으로 빼주면 한 코가 만들어 집니다.

5 3~4를 반복하여 모두 21코를 만듭니다.

1단 만들기(1길 긴뜨기)

6 기둥코 사슬 3코 후 바늘에 실을 감아 코에 바늘을 넣습니다.

7 실을 바늘에 감아 나옵니다.

8 실을 바늘에 감아 두 코를 한꺼번에 뺍니다.

9 실을 바늘에 감아 남아 있는 두 코를 한꺼번에 뺍니다.

10 모두 21코를 만듭니다.

2~8단/팝콘 뜨기

11 사슬 3코 기둥코 후 두 번째 코에 1길 긴뜨기 1코, 세 번째 코에 1길 긴뜨기 10코를 뜹니다.

12 코에서 바늘을 빼고 1길 긴뜨기 10코 중 첫 번째 코에 바늘을 넣습니다.

13 빼 두었던 코를 바늘에 걸어줍니다.

14 모아져 있는 1길 긴뜨기 10코를 앞으로 끌어 내려줍니다.

15 코를 빼냅니다.

16 실을 바늘에 감아 다음 코에 1길 긴뜨기를 합니다.

17 1길 긴뜨기 3회, 팝콘뜨기를 1회 반복하여 팝콘 무늬 5개를 완성하고, 1길 긴뜨기 2코로 2단 뜨기를 끝냅니다.

18 다음 단은 아랫단의 코마다 1길 긴뜨기(기둥코 포함) 21코를 뜹니다.

19 4단의 팝콘무늬 시작은 1길 긴뜨기 4코(기둥코 포함) 후 시작합니다.

20 2단과 같은 방법으로 1길 긴뜨기 3코 후 팝콘뜨기 이렇게 반복합니다.

21 2단의 팝콘 무늬와 엇갈리도록 무늬가 들어가며 4단에서는 4개의 팝콘 무늬가 만들어지며 1길 긴뜨기 4코로 단이 마무리됩니다.

22 모두 8단을 뜹니다.

9 ~ 11단(2길 긴뜨기 접어뜨기)

23 민트색 배색실로 새로운 코를 만들어 첫 번째 코에 짧은뜨기를 하기 위해 실을 바늘에 감아 나옵니다.

24 다시 실을 감아 두 코를 한꺼번에 빼서 짧은뜨기를 완성합니다.

25 두 번째 짧은뜨기를 위해 다음 코에 바늘을 넣습니다.

26 실을 한 번 감아 뺍니다.

27 실을 감아 두 코를 한꺼번에 빼면 두 번째 짧은뜨기도 완성됩니다.

28 9단의 짧은뜨기를 모두 해준 후 편물의 방향을 바꿉니다.

29 기둥코 사슬 4코를 만듭니다.

30 이랑 2길 긴뜨기를 뜨기 위해 바늘에 실을 두 번 감습니다.

31 아랫단 코의 앞 가닥에 바늘을 넣습니다.

32 실을 감아 나옵니다.

33 실을 바늘에 감아 두 코를 한꺼번에 뺍니다.

34 실을 감아서 한 번 더 두 코를 한꺼번에 뺍니다.

35 실을 감아서 남아 있는 두 코도 한꺼번에 뺍니다.

36 10단의 이랑 2길 긴뜨기가 완성된 모양입니다.

37 편물의 방향을 바꿔 11단을 뜹니다.

38 2길 긴뜨기 접어뜨기를 위하여 10단의 이랑 2길 긴뜨기를 뜨고 남아있는 아랫단(9단)의 앞 가닥에 바늘을 넣습니다.

39 10단 첫 번째 코의 앞 가닥에도 바늘을 넣습니다.

40 걸려있는 두 가닥에서 실을 감아 나옵니다.

41 다시 실을 감아 두 코를 한꺼번에 빼서 짧은뜨기를 완성합니다.

42 9단과 10단의 앞 가닥에 바늘을 넣습니다.

43 바늘이 두 가닥에 넣어져 있는 모양입니다.

44 2길 긴뜨기 접어뜨기를 모두 끝낸 모양입니다.

45 2길 긴뜨기 접어뜨기 후 편물을 앞에서 본 모양입니다.

12 ~ 15단 만들기

46 브라운 색 실로 바꿔 1 ~ 4단과 같은 방법으로 뜹니다. 이때 편물의 방향은 바꾸지 않고 다시 뒷면에서 시작합니다.

47 4단이 모두 완성된 모양입니다.

테두리 뜨고 완성하기

48 민트 색으로 시작 코를 만들어 1길 긴뜨기의 한 코를 감싸듯 바늘을 넣고

49 실을 감아 나옵니다.

50 실을 감아 바늘에 있는 2코를 한꺼번에 떠서 짧은뜨기를 완성합니다.

51 같은 곳에 짧은뜨기를 한 번 더 합니다.

52 다음 단에도 짧은뜨기를 한 번 해줍니다.

53 51과 52번 과정을 반복합니다.(2길 긴뜨기 접어뜨기 부분에는 짧은뜨기 한 번만 합니다.)

54 모서리의 코에 짧은뜨기를 세 번 합니다.

55 코마다 짧은뜨기를 합니다. 같은 방법으로 테두리를 모두 뜹니다.

56 마지막 모서리의 짧은뜨기 3코 후 첫 번째 짧은뜨기에 바늘을 넣고

57 실을 감아 빼뜨기 하고 1단을 마무리합니다.

58 이랑 2길 긴뜨기를 뜨기 위하여 기둥코 사슬 4코를 뜹니다.

59 이번에 이랑 짧은뜨기는 겉면에서 뜨기 때문에 아랫단의 뒤 가닥을 뜹니다.

60 코마다 이랑 2길 긴뜨기를 뜬 모양입니다.

61 기둥코 사슬 1코를 뜹니다.

62 2단의 뒤 가닥과 1단의 뒤 가닥에 바늘을 넣습니다.

63 짧은뜨기를 완성합니다. 같은 방법으로 테두리를 모두 뜹니다.

64 테두리를 모두 떠서 완성된 앞면입니다.

65 완성한 편물의 뒷면입니다.

발매트(냄비받침과 뜨는 방법은 같습니다. 콧수와 단수의 변화만 참고하면 됩니다.)

1 시작 코/65코

2 베이지/24단

3 민트/2길 긴뜨기 접어뜨기

4 베이지/20단

5 민트/2길 긴뜨기 접어뜨기

6 브라운/16단

7 민트/2길 긴뜨기 접어뜨기

8 브라운/12단

9 테두리/2길 긴뜨기 접어뜨기

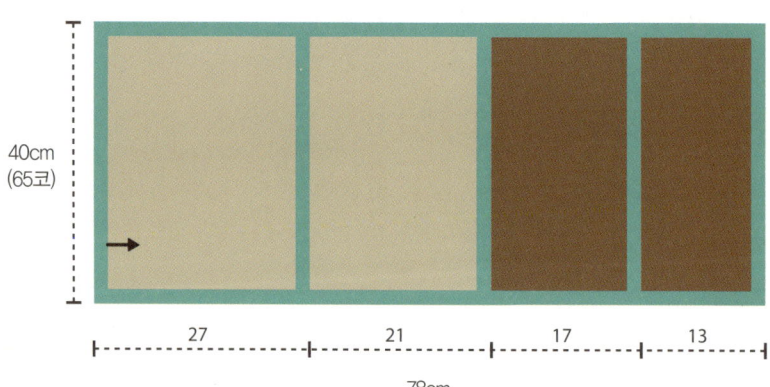

03 엄마랑 아가랑 덧신

- 난이도
★★★★☆

- 완성 크기
아기용 11cm
엄마용 23~24cm

- 준비물
히말라야 1볼, 모사용 코바늘 3호, 돗바늘, 라벨 2장(아기용)
히말라야 1볼, 그레이스 1볼, 모사용 코바늘 6호, 돗바늘, 라벨 2장(엄마용)

- 뜨개 기법
○ 사슬뜨기
+(×) 짧은뜨기
↓ 짧은뜨기 1코 늘려뜨기
● 빼뜨기
︿(︽) 짧은뜨기 2코 모아뜨기

How to make...

아기용 덧신

1. 코바늘 3호로 사슬 4코를 만들어 도안 1(발바닥)을 뜹니다. 바닥 부분(빨간색 표시 부분)의 테두리를 뜹니다. 발바닥은 똑같이 2장을 떠서 하나를 뒤집으면 됩니다.

2. 도안2(발등)와 도안3(뒤꿈치)도 뜹니다. 도안 3의 시작 부분과 끝 부분에 실을 30cm 정도 남깁니다.

3. 발등 부분과 뒤꿈치(37코 시작 부분이 발목을 향함) 부분을 돗바늘로 박음질하여 이어줍니다.

4. 3과 1을 빼뜨기로 연결합니다.

5. 뒤꿈치 부분에 라벨을 달아줍니다.

※ Tip 발길이 조절은 25단과 26단 사이에 평단을 추가하면 됩니다. 발길이를 조절할 때는 뒤꿈치 시작 코의 콧수를 추가 단의 두 배만큼 추가하면 됩니다. 발바닥은 오른쪽과 왼쪽을 똑같이 2장 뜨고, 두 장 중 하나를 뒤집어서 짧은뜨기 테두리를 떠주면 됩니다.

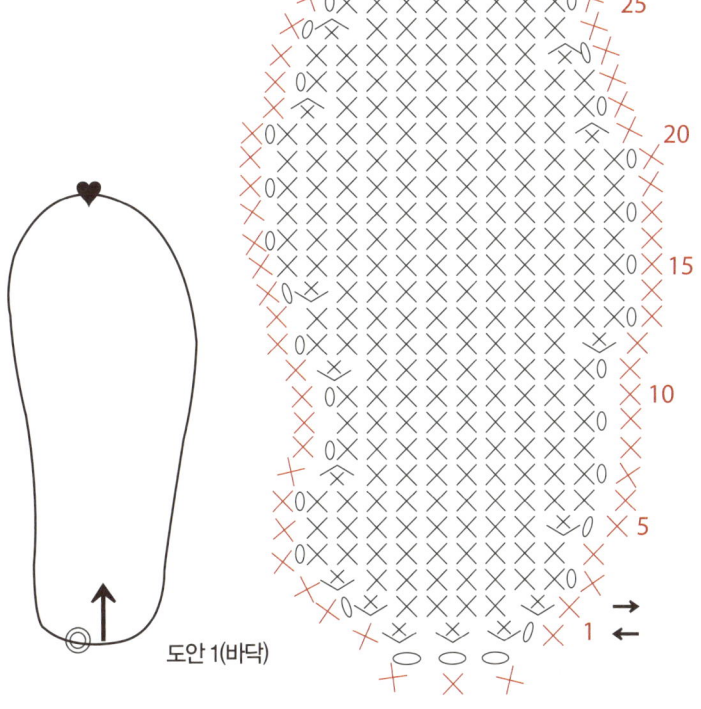

도안 1(바닥)

✽ Tip 발 볼을 넓힐 때엔 도안 2의 시작코를 중심 부분에 추가하면 됩니다.

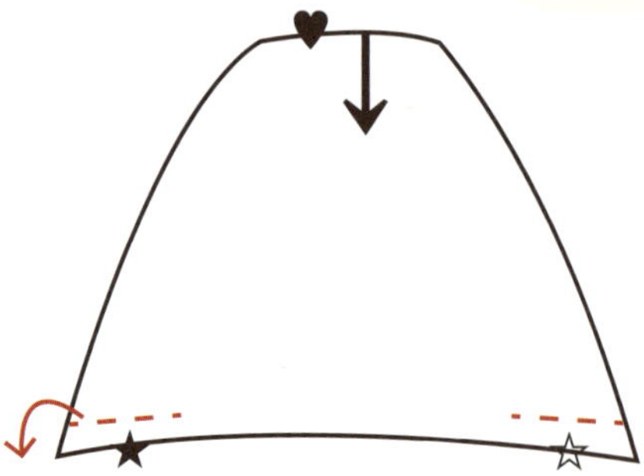

7코 발등 부분이 위

20단/짧은뜨기 5코 → 빼뜨기 → 실매듭지듯 빼고 다음 14번째 코에 빼뜨기 → 짧은뜨기 5코 → 21단/모든 코 (25코)마다 짧은뜨기

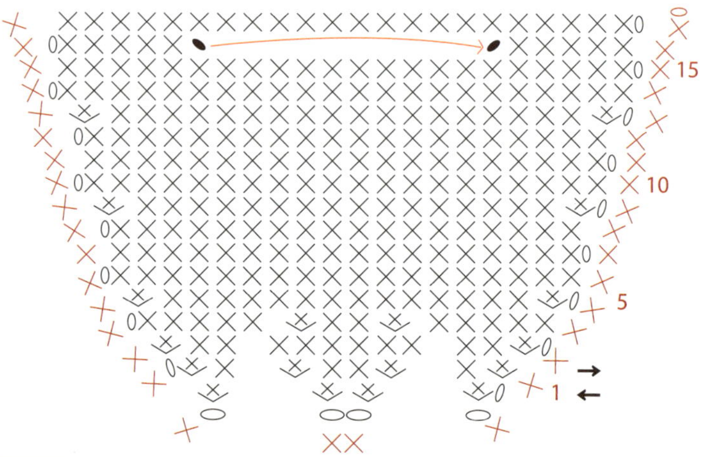

도안 2(발등)

✽ Tip 시작 부분과 끝 부분에 실을 약 30cm 정도 남기어 발등 부분과 꿰맬 때 사용합니다.

각각 같은 표시 부분끼리 박음질합니다.

끝나는 부분이 아래입니다.

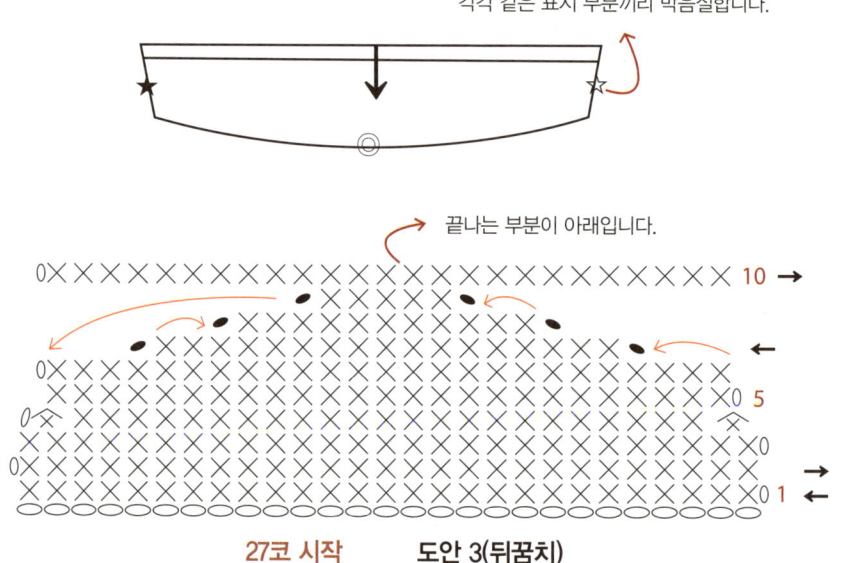

27코 시작　　도안 3(뒤꿈치)

엄마용 덧신

1 코바늘 6호로 히말라야, 그레이스 각 한 겹씩 두 겹을 사용하여 사슬4코를 만들어 도안 1(발바닥)을 뜹니다. 발바닥(빨간색 표시 부분)의 테두리를 뜹니다. 발바닥은 똑같이 2장을 떠서 하나를 뒤집으면 됩니다.

2 도안 2(발등)와 도안 3(뒤꿈치)도 뜹니다. 도안 3의 시작 부분과 끝 부분에 실을 30cm 정도 남깁니다.

3 발등 부분과 뒤꿈치(37코 시작 부분이 발목을 향합니다.) 부분을 돗바늘로 박음질하여 이어줍니다.

4 3과 1을 빼뜨기로 연결합니다.

5 뒤꿈치 부분에 라벨을 달아줍니다.

※ 히말라야 한 겹을 모사용 3호로 떴을 경우 4~5세 사이즈의 덧신이 됩니다.(엄마용 패턴)

Tip 발볼은 발등(도안 2) 부분에서 조절하세요.
발길이 조절은 25단과 26단 사이에 평단을 추가하면 됩니다. 발길이 조절 시 뒤꿈치의 시작 코를 추가 단만큼 콧수를 추가하면 됩니다. 발바닥은 오른쪽과 왼쪽을 똑같이 2장 뜨고 두 장 중 하나를 뒤집어서 짧은뜨기 테두리하면 됩니다.

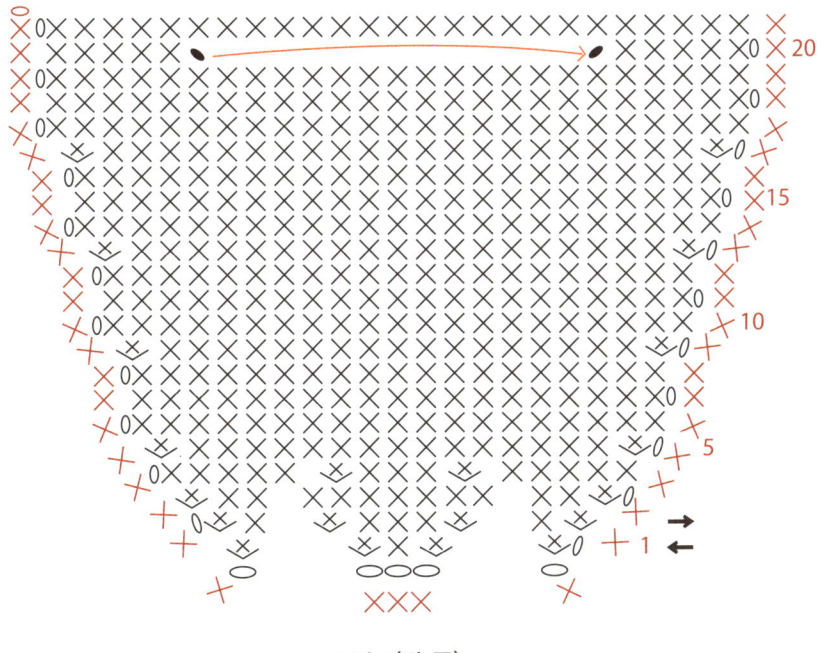

도안 2(발 등)

Tip 발 볼을 넓힐 때엔 도안 2의 시작코를 중심 부분에 추가하면 됩니다.

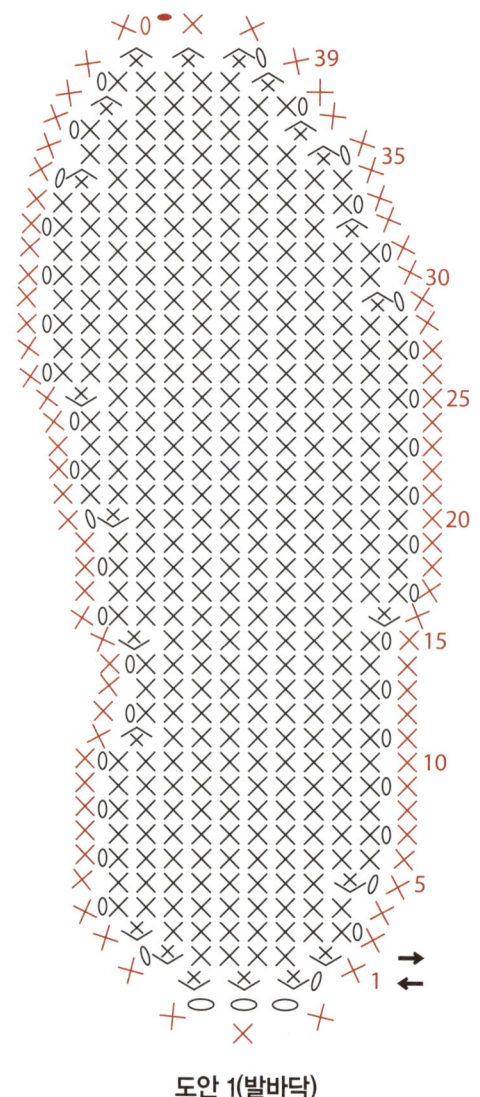

도안 1(발바닥)

✿ *Tip* 시작 부분과 끝 부분에 실을 약 30cm 정도 남기어 발등 부분과 꿰맬 때 사용합니다.

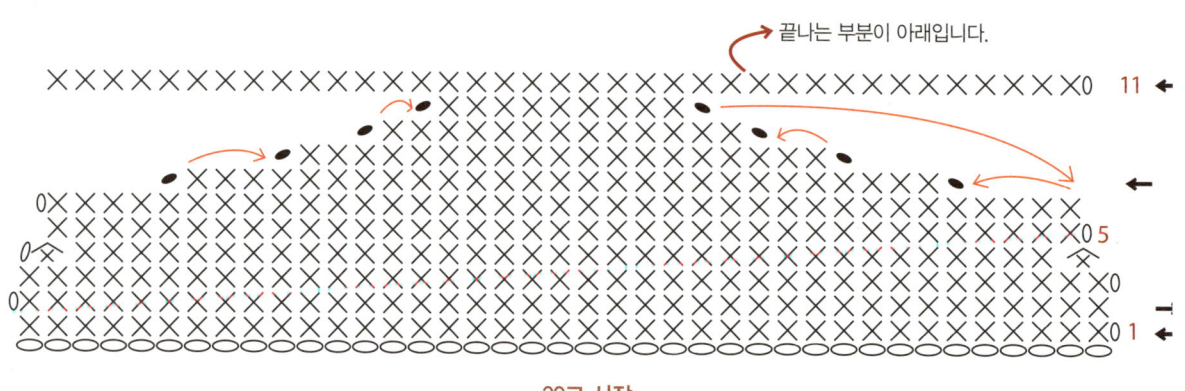

39코 시작

도안 3(뒤꿈치)

덧신 바닥 만들기

1 사슬 3코를 만듭니다.

2 기둥코를 만든 후 첫 번째 코에 바늘을 넣어 실을 감아 나옵니다.

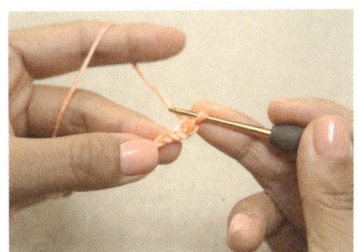

3 다시 실을 감아 두 코를 한꺼번에 빼서 짧은뜨기를 완성합니다.

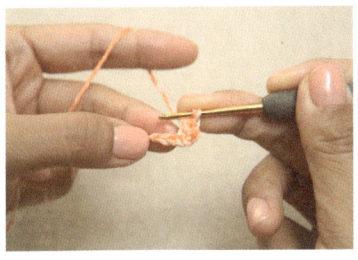

4 3과 같은 첫 번째 코에 짧은뜨기를 한 번 더 합니다.

5 각 코마다 짧은뜨기를 두 번씩 모두 6코를 만듭니다.

6 도안대로 바닥을 완성합니다.

7 테두리를 뜨기 위해 기둥코 1코를 뜹니다.

8 바닥의 왼쪽 아래 부분의 첫 번째 단의 첫 번째 코에 바늘을 넣습니다.

9 실을 한 번 감아 뺍니다.

10 다시 실을 감아 두 코를 한꺼번에 빼서 짧은뜨기를 완성합니다.

11 다음 번의 코에도 같은 방법으로 짧은뜨기합니다.

12 짧은뜨기로 테두리를 모두 뜹니다.

덧신 발등 만들기

13 도안대로 20단을 뜹니다.

14 21단은 짧은뜨기를 5코 뜹니다.

15 다음 코에 바늘을 넣고

16 바늘에 실을 감아 뺍니다.

17 실을 다시 감지 않고 남아 있던 코까지 빼서 빼뜨기를 합니다.

18 바늘을 뺀 후 코가 커지도록 사진처럼 실을 손으로 잡아당깁니다.

19 실을 매듭지듯 코 사이로 빼냅니다.

20 실을 잡아 당겨서 매듭이 뭉툭하지 않도록 해줍니다.

21 실은 끊지 않고 다음의 14번째 코로 바늘을 넣습니다.

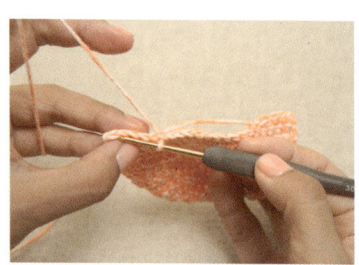
22 실을 감아서 오른쪽의 남겨지는 실이 너무 당겨지지 않도록 살짝 여유를 두고 나옵니다.

23 사슬코를 한 코 뜨고 벌어지지 않도록 잡아당깁니다.

24 남아 있는 5코도 모두 짧은뜨기합니다.

25 (22단) 짧은뜨기 5코를 뜨고 6번째 코에 바늘을 넣습니다.

26 실을 감아서 나옵니다. 걸쳐진 실은 감아 나온 실의 뒤에 있습니다.

27 그대로 실을 감아서 두 코를 한꺼번에 빼내어 짧은뜨기를 합니다.

28 다음 코에 바늘을 넣을 때도 걸쳐 있는 코 아래로 바늘을 넣습니다.

29 실을 감아서 나옵니다.

30 실을 감아 두 코를 한꺼번에 빼서 짧은뜨기를 완성합니다.

31 테두리는 기둥코 사슬 1코를 뜹니다.

32 첫 번째 코와 두 번째 코 사이에 바늘을 넣습니다.

33 실을 감아 나옵니다.

34 짧은뜨기를 완성합니다.

35 테두리에 모두 짧은뜨기를 합니다.

덧신 뒤꿈치 만들기

36 기둥 1코를 포함하여 사슬 28코를 만듭니다.

37 사슬(뒷면)의 뒷산 두 번째 코에 바늘을 넣습니다.

38 실을 감아 나옵니다.

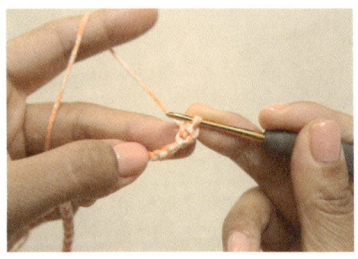

39 실을 감아 두 코를 한꺼번에 빼서 짧은뜨기를 완성합니다.

40 코마다 짧은뜨기를 합니다.

41 사슬의 뒷산을 뜨면 밑면이 예쁘게 됩니다.

42 4단의 코줄임을 하기 위해 마지막 전 코에서 실을 감아 빼냅니다.

43 42의 과정대로 그대로 두고 다시 실을 감아 마지막 코에 바늘을 넣어 실을 감아 나옵니다.

44 실을 감아서 바늘에 있는 3코를 한꺼번에 뺍니다.

45 짧은뜨기 2단을 더 뜨고 마무리 하듯 코를 잡아당겨 크게 해준 다음 코 사이로 실을 빼냅니다.

46 그리고 실을 잡아당깁니다.

47 4번째 코에 바늘을 넣고 실을 감아 줍니다.

48 늘어지는 실을 너무 세게 당겨서 오그라들지 않도록 여유를 두고 나옵니다.

49 사슬 1코를 떠서 벌어지지 않도록 잡아당깁니다.

50 4코가 남을 때까지 짧은뜨기하고 남아있는 4번째 코에 빼뜨기합니다.

51 코를 크게 잡아당겨서 코 사이로 실을 뺍니다.

52 실을 잡아당깁니다. 같은 방법으로 마지막 1단이 남을 때까지 뜹니다.

53 정리 단을 뜨기 위해 첫 번째 코에 바늘을 넣습니다. 실은 끊지 않고 계속 이어서 사용합니다.

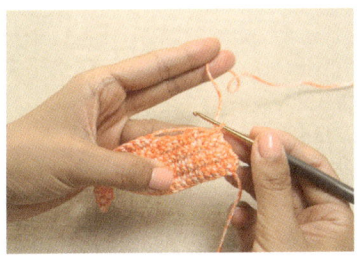

54 실을 너무 세게 잡아당겨 오그라지지 않도록 여유를 두고 코를 감아 나옵니다.

55 기둥코 사슬 1코를 뜬 후 첫 번째 코에 바늘을 넣습니다. 걸쳐진 실 아래로 바늘이 들어갑니다.

56 두 번째 코도 같은 방법으로 걸쳐진 실의 아래로 바늘을 넣어 실을 감아 나옵니다.

57 실을 감아 두 코를 한꺼번에 빼서 짧은뜨기를 완성합니다.

58 코마다 모두 짧은뜨기를 합니다.

덧신의 바닥, 발등, 뒤꿈치 붙이기

59 발등과 뒤꿈치를 먼저 붙입니다. 이때 뒤꿈치의 위아래가 바뀌지 않도록 주의합니다. 경사진 부분이 발바닥 쪽으로 향합니다.

60 돗바늘로 뒤꿈치의 남아 있는 실을 꿰어 발등의 안쪽에서 겉으로 나옵니다.

61 발등의 첫 번째와 두 번째 코 사이로 다시 바늘을 넣습니다. 뒤꿈치까지 통과하도록 넣습니다.

62 다시 처음에 나왔던 곳으로 바늘이 뒤꿈치 편물과 발등 편물을 통과하여 나옵니다.

63 61번 과정과 같이 바늘을 넣은 뒤 다시 뒤에서 앞으로 나옵니다. 뒤에서 바늘이 나올 때 잘 보이도록 편물을 벌려서 보면 편합니다.

64 편물을 벌려 뒤꿈치에서 나오는 것을 확인하고 발등까지 빼냅니다.

65 박음질을 하여 꿰매는 것이므로 다시 뒤로 바늘을 넣습니다.

66 반복하여 두 모서리가 맞닿는 곳까지 꿰매줍니다.

67 마지막도 뒤로 한 번 더 넣어줍니다.

68 편물의 안쪽에 바늘이 나와 있는 모양입니다.

69 실이 나온 주변 가까운 부분에 바늘을 걸어줍니다.

70 실을 바늘에 감아서 매듭을 지어줍니다.

71 실 정리를 할 수 있도록 주변 코 사이로 실이 꿰어진 상태에서 바늘을 넣습니다.

72 넣은 바늘을 당겨 뺍니다.

73 실을 적당히 잡아당겨 편물이 오그라들지 않도록 하고 실을 끊어줍니다.

덧신의 발등과 바닥 붙이기

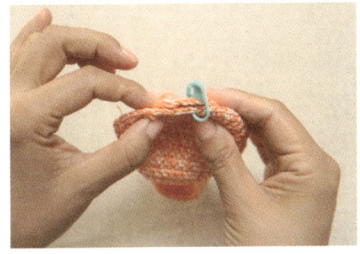

74 표시 핀을 이용하여 발바닥의 중심 부분과 발등의 중심 부분을 고정시켜 줍니다.

75 뒤꿈치끼리도 중심 부분을 핀으로 고정시켜 표시합니다.

76 앞, 뒤꿈치를 표시 핀으로 고정해 준 모양입니다.

77 표시된 곳 옆의 코부터 발등과 발바닥까지 함께 바늘을 넣습니다.

78 실을 감아 나와 빼뜨기 합니다.

79 전체 테두리를 같은 방법으로 빼뜨기합니다.

80 아기용 덧신을 모두 완성한 모습입니다.

04 베이비 원피스 카디건

- 난이도
★★★☆☆

- 완성 크기
4~5세용
가슴둘레 60,
옷길이 33,
소매길이 25

- 준비물
빈티지 아이보리 트위드 4볼
모사용 코바늘 5호, 6호
나무단추 5개

- 뜨개 기법

○	사슬뜨기
+(X)	짧은뜨기
●	빼뜨기
⊤	1길 긴뜨기
V	1길 긴뜨기 1코 늘려뜨기
ʃ	1길 긴뜨기 앞걸어뜨기

How to make...

1 모사용 코바늘 5호로 사슬 70코를 만듭니다.(앞 10코, 소매 15코, 뒤 20코, 소매 15코, 앞 10코)

2 도안 래글런과 같이 각각의 소매와 몸판 사이를 주의하며 뜹니다.(1~12단)

3 새로운 실로 사슬 6코를 2개 만들어 오른쪽, 왼쪽의 앞판과 뒷판 사이 언더암홀 부분을 연결하고 끊습니다.

4 소매 부분의 코는 그대로 두고, 앞 22코 새로 만든 사슬 6코, 뒤 44코, 새로 만든 사슬 6코, 앞 22코만 2단을 뜹니다.(소매 분리 도안)

5 모사용 코바늘 6호로 스커트 도안과 같이 첫 단에서 코늘림을 하여 21단을 뜹니다.

6 소매는 언더암홀의 새로 만든 6코의 중심 왼쪽에서 시작합니다. 모두 45코이며 12단을 뜬 후 마무리 단을 뜹니다.

7 모사용 코바늘 5호로 왼쪽 앞단을 2단 뜨고 실을 끊습니다. 오른쪽 앞단을 1단 뜬 후, 2단에서 단춧구멍을 만들고, 3단째에서 앞단의 전체 테두리를 뜹니다.)

8 왼쪽 앞단에 단추를 답니다.

만드는 과정

1 사슬 70코를 만들어 코를 늘려가며 뜹니다.(12단) 사슬 6코를 만들어 왼쪽과 오른쪽 언더암홀 부분을 연결해 줍니다.

2 몸통 100코를 1길 긴뜨기 2단으로 뜨고 스커트 무늬로 21단을 뜹니다.

3 언더암홀 중간에서 실을 연결하여 소매를 뜬 후 앞단을 뜨고 단추를 답니다.

도안 살펴보기

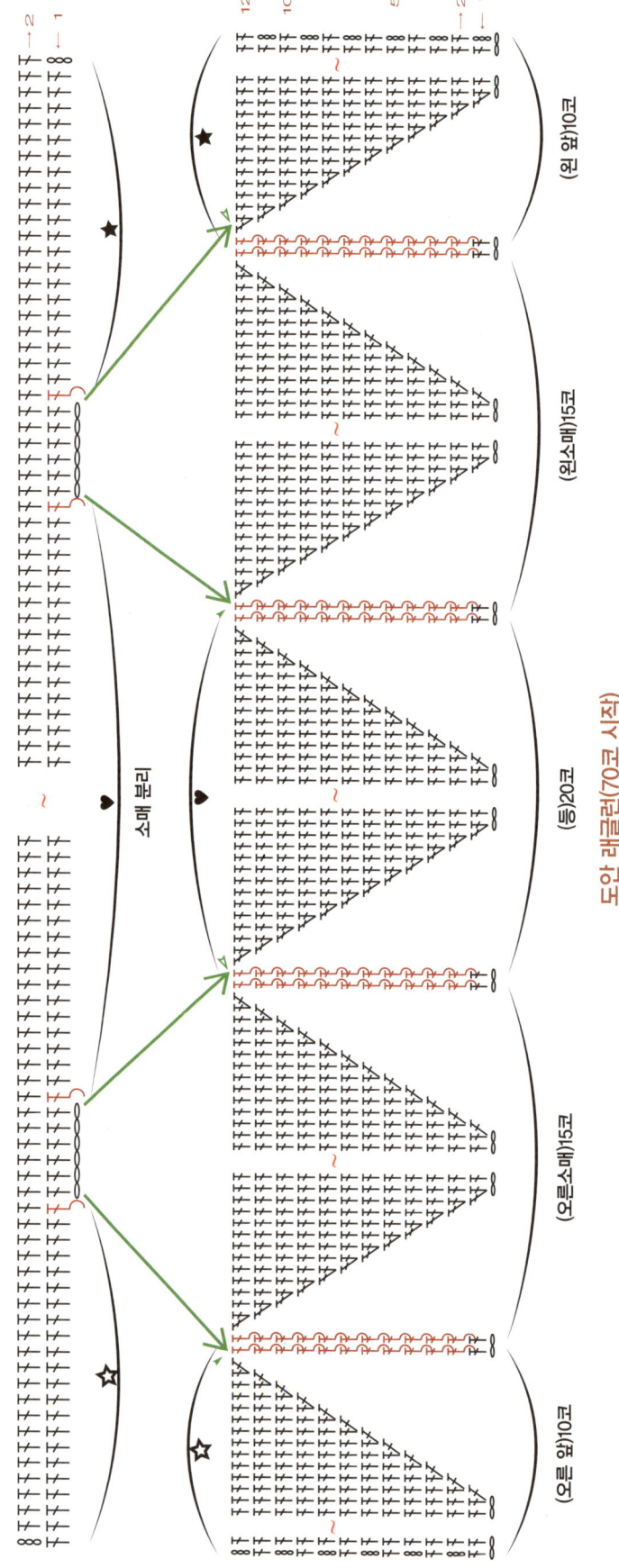

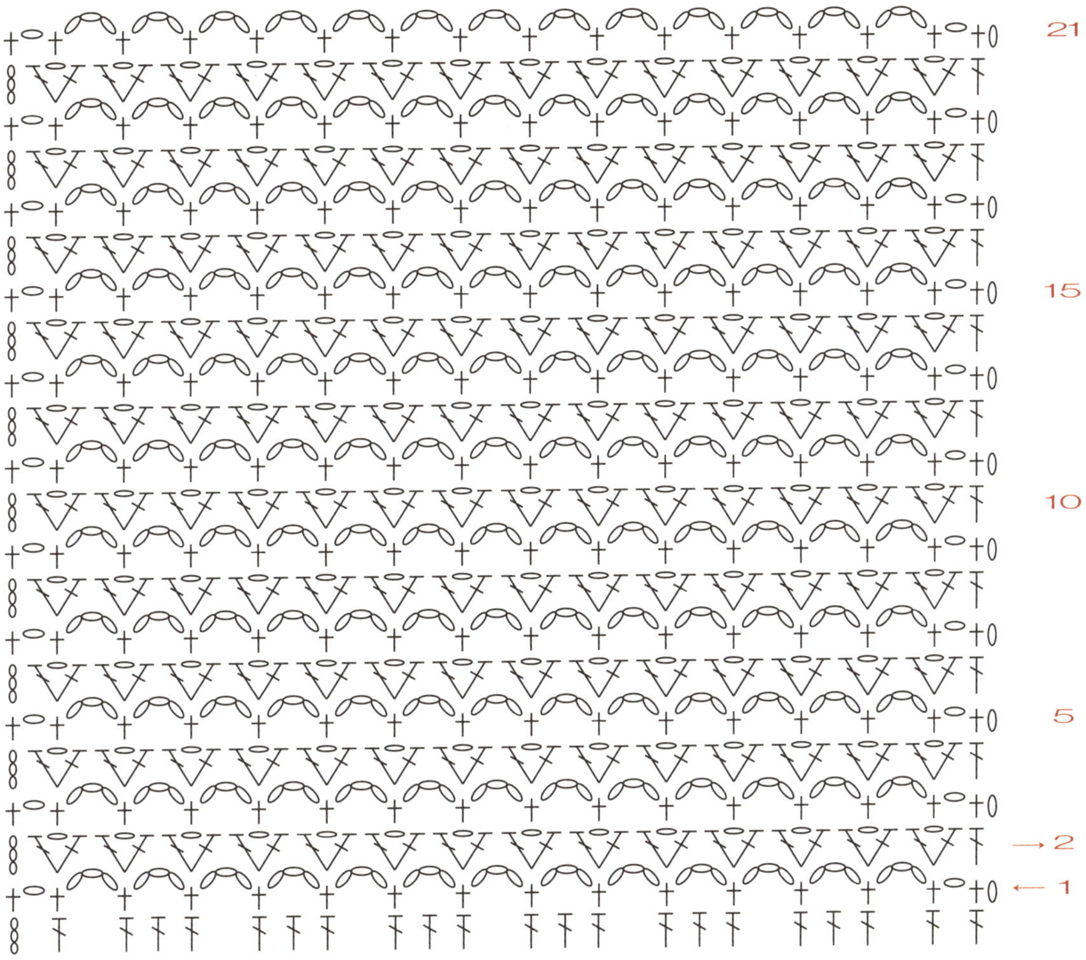

스커트(66무늬)

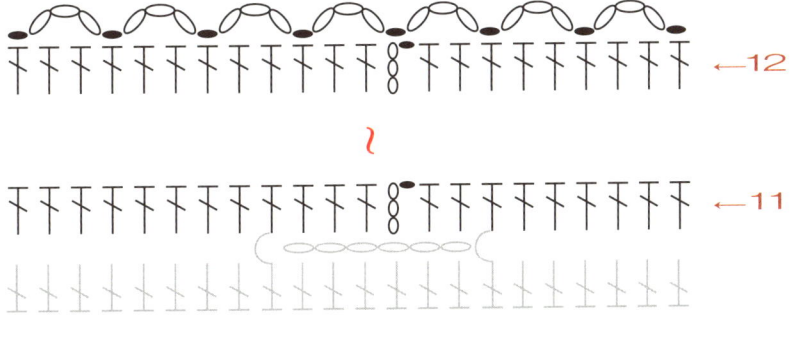

소매(45코)

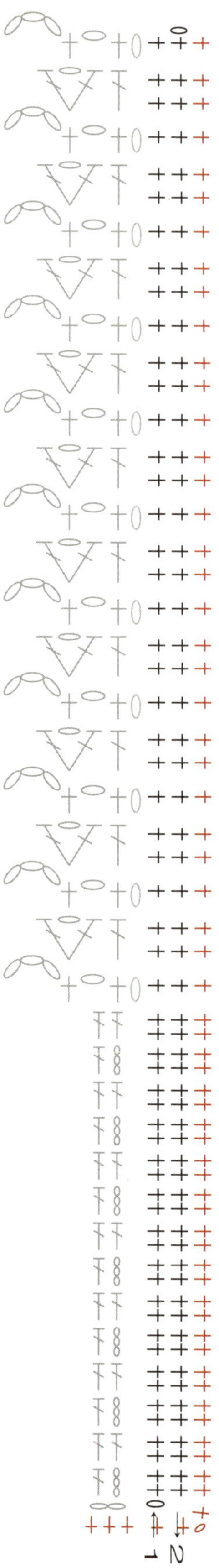

왼쪽 앞단

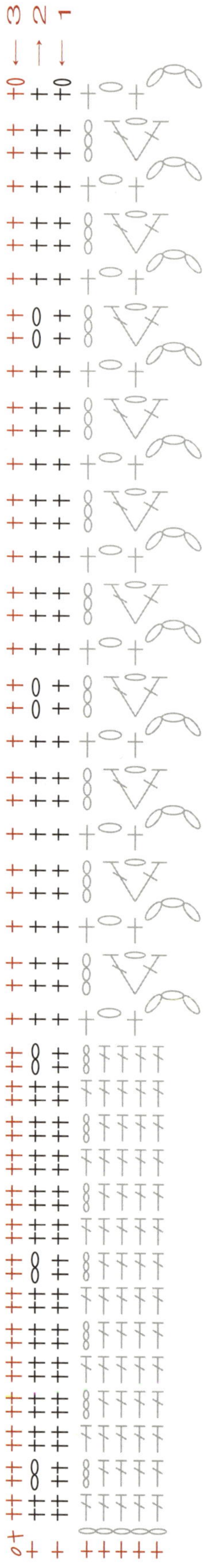

오른쪽 앞단

Chapter 02 기본 작품 만들기

래글런 부분

1 사슬 73코(70코+기둥3코)를 만듭니다.

2 바늘에 실을 감아 5번째 코에 넣어 1길 긴뜨기합니다.

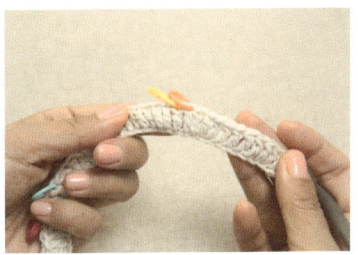

3 앞판의 11번째 코에 표시를 하고 14번째 코에는 1길 긴뜨기를 2번해서 코 늘림을 합니다.

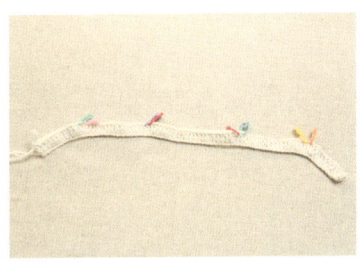

4 각각의 진동 부분 시작과 끝코에 표시 핀을 꽂아 표시합니다.

5 진동 표시 핀 바로 뒷코입니다. 바늘에 실을 감아 넣습니다.

6 1길 긴뜨기를 뜹니다.

7 5의 같은 코에 실을 감아 넣습니다.

8 1길 긴뜨기가 2코가 됩니다.

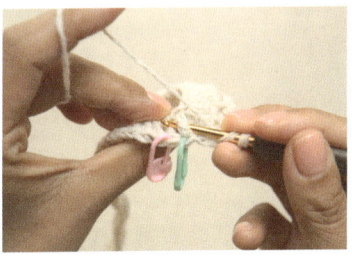

9 표시해 둔 코에 실을 감아 기둥을 감싸듯 바늘을 넣습니다.(뒤걸어뜨기)

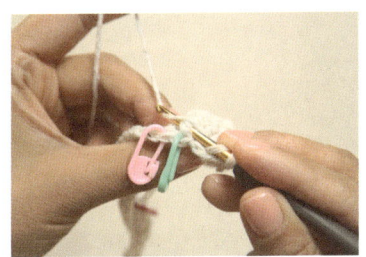

10 바늘에 실을 감습니다.

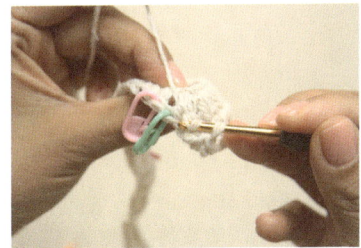

11 감은 실을 빼내옵니다.

12 실을 기둥에 걸었기 때문에 앞의 코는 그대로 있습니다.

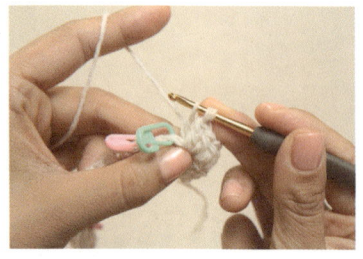
13 바늘에 실을 감아 2코를 한꺼번에 뺍니다.

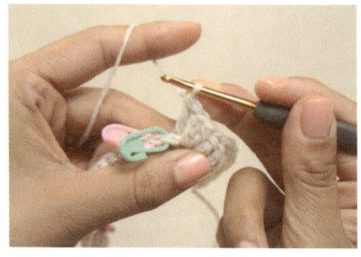
14 실을 감아 나머지 2코도 한꺼번에 빼서 1길 긴뜨기를 완성합니다.

15 다음 코도 뒤걸어뜨기를 하기 위해 실을 감아 기둥을 감싸듯 넣습니다.

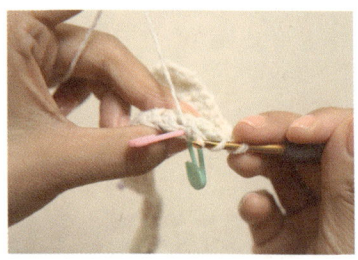
16 감은 실을 빼내옵니다.

17 1길 긴뜨기 뒤걸어뜨기를 완성합니다.

18 뒤걸어뜨기를 2코 해준 모양입니다.

19 2단의 뒤걸어뜨기 부분을 편물의 겉면 3단에서 뜰 때는 앞걸어뜨기로 합니다. 실을 감습니다.

20 기둥의 앞쪽에서 기둥코 오른쪽으로 바늘이 들어가 기둥의 왼쪽으로 나옵니다.

21 실을 감아 나옵니다.

22 실을 감아 2코를 빼고 다시 감아 남아 있는 2코를 모두 빼서 1길 긴뜨기 앞걸어뜨기를 완성합니다.

23 다음의 코에도 20번 과정과 같이 바늘에 실을 감아 기둥을 감싸듯 넣습니다.

24 실을 감아서 빼내고 두 코씩 떠서 2길 긴뜨기 앞걸어뜨기를 완성합니다.

25 위와 같은 방법으로 진동 부분을 모두 뜹니다.

몸판과 소매 분리 후 앞, 뒤 잇기

26 몸판과 소매를 분리합니다.

27 새로운 실을 앞 몸판이 끝나는 걸 어뜨기 코에 연결하고 그 코에 바늘을 넣습니다.

28 실을 감아서 빼내옵니다.

29 실을 감아 사슬코를 뜹니다.

30 사슬을 모두 6코 만듭니다.

31 뒤 몸판이 시작되는 앞걸어뜨기 코에 바늘을 넣습니다.

32 빼뜨기합니다.

33 뒤 몸판 끝 부분과 앞 몸판 시작 부분에도 사슬 6코를 만들어 붙입니다.

몸판 진행 과정

34 소매 분리 후 앞 몸판의 앞걸어뜨기 전까지 1길 긴뜨기하고 전 단의 앞걸어뜨기 코는 앞걸어뜨기 합니다.

35 암홀 사슬코에도 바늘에 실을 감아 넣습니다.

36 실을 감아서 빼냅니다.

37 1길 긴뜨기를 뜹니다.

38 사슬코 6코에 각각 1길 긴뜨기도 뜹니다.

39 뒤 몸판의 시작과 끝코는 앞걸어뜨기 하고 나머지는 모두 1길 긴뜨기 합니다.

40 1길 긴뜨기 1단을 더 뜨고 스커트 무늬로 넘어갑니다.

소매 만들기

41 언더암홀 부분입니다.

42 바늘에 실을 감아 몸판에 연결된 암홀 부분 6코 중간의 왼쪽 코부터 1길 긴뜨기를 시작합니다.

43 1길 긴뜨기 3코를 하고 소매 부분으로 넘어갑니다.

44 소매가 시작되는 코에 실을 감아 넣습니다.

45 1길 긴뜨기합니다. 소매 부분의 모든 코와 중심의 3코까지 모두 1길 긴뜨기합니다.

46 한 단을 모두 뜬 후 처음 시작한 1길 긴뜨기에 바늘을 넣습니다.

47 실을 감아 빼뜨기합니다.

48 같은 방법으로 1길 긴뜨기로 원하는 소매길이만큼 뜹니다.

49 사슬 3코를 뜹니다.

50 3번째 코에 빼뜨기합니다.

51 49~50번 과정을 끝까지 반복합니다.

52 소매를 완성한 모양입니다.

몸판의 스커트 부분(소매와 순서를 바꿔서 진행해도 됨)

53 몸판 진행 과정 40번에 이어서 시작합니다. 사슬 1코를 뜹니다.

54 첫 번째 코에 짧은뜨기합니다.

55 사슬 1코를 뜹니다.

56 바로 다음 코에 실을 감아 넣습니다.

57 짧은뜨기합니다.

58 사슬 3코를 뜹니다.

59 1코를 건너 2번째 코에 바늘을 넣습니다.

60 짧은뜨기합니다.

61 사슬 3코 후 바로 옆의 코에 짧은뜨기합니다.

62 58~61번 과정을 끝까지 반복한 후 마지막은 사슬 1코 후 짧은뜨기합니다.

63 사슬 3코 후 실을 바늘에 감습니다.

64 아랫단의 짧은뜨기 코에 바늘을 넣습니다.

65 1길 긴뜨기합니다.

66 사슬 1코를 뜹니다.

67 과정 65와 같은 코에 1길 긴뜨기합니다.

68 아랫단의 짧은뜨기 코에 1길 긴뜨기 1코, 사슬 1코, 1길 긴뜨기 1코를 끝까지 반복하고 마지막 코에는 1길 긴뜨기로 끝납니다.

69 스커트 무늬를 원하는 길이만큼 뜹니다.

앞단 만들기

70 몸판 스커트 무늬가 끝나고 바로 앞단을 시작합니다. 사슬 1코를 하여 기둥코를 만듭니다.(옷의 겉면)

71 짧은뜨기의 옆면에 바늘을 넣습니다.

72 짧은뜨기합니다.

73 1길 긴뜨기의 기둥코에 짧은뜨기를 2번합니다.

74 편물 옆면의 짧은뜨기엔 짧은뜨기 1코, 1길 긴뜨기에는 짧은뜨기 2코를 합니다.

75 긴뜨기만 있는 곳엔 짧은뜨기 2코를 반복합니다.

76 두 번째 단에서 단춧구멍을 만듭니다. 짧은뜨기 2코 후 사슬 2코를 뜹니다.

77 세 번째 코에 바늘을 넣습니다.

78 짧은뜨기합니다.

79 짧은뜨기 10코마다 단춧구멍을 만들어 줍니다.

80 세 번째 단에서도 짧은뜨기합니다. 단춧구멍이 있는 부분에는 짧은뜨기를 2번합니다.

81 세 번째 단이 끝나면 실을 끊지 않고 목 부분을 뜨고 왼쪽 앞단으로 넘어갑니다.(왼쪽은 새 실로 2단을 단춧구멍 없이 먼저 떠 놓습니다.)

82 목이 시작되는 부분은 돌아가는 부분이기 때문에 1코에 짧은뜨기를 3번합니다.

83 목의 단도 코마다 짧은뜨기합니다.

84 앞단의 완성된 모습입니다.

85 완성된 뒷모습입니다.

86 완성된 앞모습입니다.

단추달기

87 60cm의 실을 반 접어 바늘에 꿰어 단추가 달릴 자리에 바늘을 한 땀 뜹니다.

88 바늘을 잡아당겨 실이 거의 다 나올 때쯤 남아 있는 실의 중간에 바늘을 넣어 매듭을 짓습니다.

89 바늘을 단춧구멍에 통과시켜줍니다.

90 반대편 단춧구멍으로 바늘을 통과시켜 편물 뒤편으로 빼냅니다.

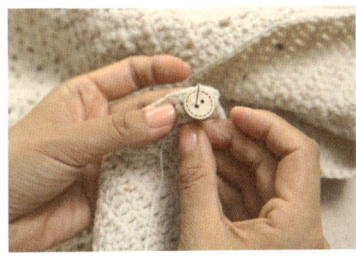
91 다시 편물을 통과하여 전에 나왔던 구멍으로 바늘을 꿰어줍니다.

92 2~3회 정도 더 꿰매줍니다.

93 실을 잡아당겨 편물과 단추 사이를 3회 정도 감아줍니다.

94 마지막 실 사이에 바늘을 통과시켜 매듭을 지어줍니다.

95 편물의 뒤에서 바늘을 빼내어 다시 매듭짓습니다.

96 편물의 코 사이를 통과시켜 남아있는 실을 숨기고 끊습니다.

97 단추가 달릴 각각의 위치에 단추를 달아주면 예쁜 카디건이 완성됩니다.

05 컨티뉴어스 테이블러너

- 난이도
  ★★★★★

- 완성 크기
  150×30cm

- 준비물
  파비아 연분홍 4볼
  모사용 코바늘 4호

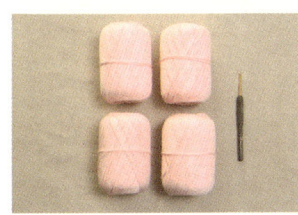

- 뜨개 기법
  ○ 사슬뜨기
  +(X) 짧은뜨기
  ● 빼뜨기
  T 1길 긴뜨기
  V 1길 긴뜨기 1코 늘려뜨기
  T 긴뜨기

How to make...

1 컨티뉴어스는 실을 끊지 않고 각각의 모티브를 떠가는 방법입니다.

2 모사용 코바늘 5호로 사슬 24코를 만들어서 첫 번째 모티브를 뜹니다. 빼뜨기의 바늘 들어가는 부분은 각각의 위치마다 다르므로 사진을 참고합니다. 도안의 검정 부분만 뜨고 돌아오며 민트색 부분을 뜹니다.(이때 반복되는 모티브의 개수로 사이즈를 조절할 수 있습니다)

3 보라색 - 검정색 - 핑크색 -검정색의 순서대로 뜨면 완성됩니다.

4 모티브의 개수를 조절하여 테이블 매트 또는 테이블 러그 등으로 응용할 수 있습니다.

Tip 테이블 러너/ 모티브 시작 단 11개, 두 번째 단 12개, 마지막 단 11개, 테이블 매트/ 모티브 시작 단 3개, 두 번째 단 4개, 마지막 단 3개

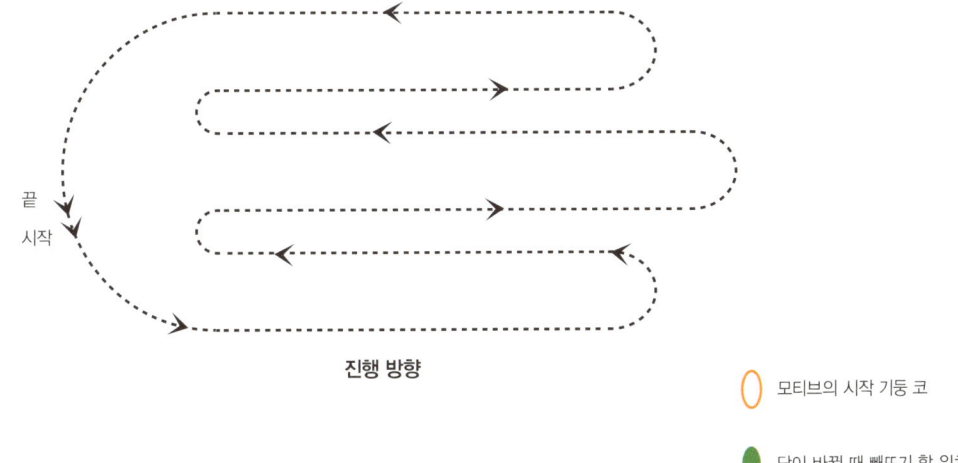

진행 방향

○ 모티브의 시작 기둥 코

● 단이 바뀔 때 빼뜨기 할 위치

도안 살펴보기

첫 번째 모티브 만들기

1 사슬 24코를 만듭니다.(이하 중심코라 칭함.)

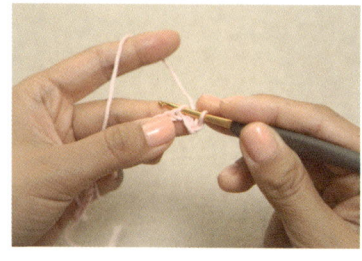

2 중심코의 4번째 코에 바늘을 넣습니다.

3 실을 감아 바늘의 코까지 다 뺍니다. 원이 만들어집니다.

4 중심코 5번째 코(왼쪽 가닥)에 바늘을 넣습니다. 1단의 첫 코입니다.

5 중심코의 아래(뒤)에서 실을 끌어와서 빼뜨기 합니다.

6 원 안에 바늘을 넣습니다.

7 바늘에 실을 걸어 나옵니다.

8 두 코를 모두 빼내어 짧은뜨기합니다.

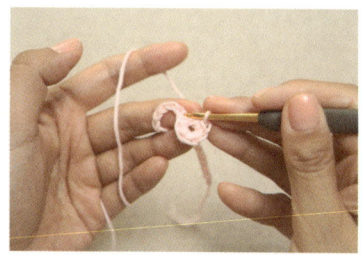

9 짧은뜨기 4코를 더 뜨고 중심코 4의 중심 5번째 코에 바늘을 넣습니다.

10 중심코 6번째 코에도 바늘을 넣습니다.

11 빼뜨기합니다.

12 중심코 7번째 코에도 빼뜨기합니다.

13 다음의 빼뜨기는 중심코 8번째의 왼쪽 가닥에 바늘을 넣고 중심코 아래(뒤)로 실을 끌어옵니다.

14 빼뜨기합니다.

15 사슬 2코를 뜹니다.

16 다음의 코에 빼뜨기한 후 사슬 2코, 1길 긴뜨기 1코, 사슬 2코를 합니다.

17 15~16의 과정을 반복하면 꽃잎이 6개가 됩니다.

18 중심코 5번째 코에 바늘을 넣습니다.(아랫단의 빼뜨기 부분)

19 빼뜨기합니다.

20 사슬 2코를 뜹니다.

21 전 단의 시작점 중심코 8번째 코에 빼뜨기합니다.

22 중심코 9번째 코의 왼쪽 가닥에 바늘을 넣습니다.

23 빼뜨기합니다.

24 사슬 5코를 뜹니다.

25 다음 꽃잎의 중심 1길 긴뜨기 코에 짧은뜨기합니다.

26 24~25번 과정을 반복하고 22의 같은 코에 바늘을 넣어 빼뜨기합니다.

27 중심코 10, 11번째 코에 각각 빼뜨기합니다.

28 다음 중심코 12번째 코의 왼쪽 가닥에 바늘을 넣습니다.

29 빼뜨기합니다.

30 바늘에 실을 1번 감고 중심코 9번째 코에 넣습니다.(22번 과정의 코)

31 1길 긴뜨기를 합니다.

32 같은 코에 1길 긴뜨기를 2번 더 합니다.

33 다음의 빈 공간에 바늘을 넣습니다.

34 실을 감아 나옵니다.

35 실을 감아 두 코를 한꺼번에 빼내어 짧은뜨기를 완성합니다.

36 다음의 짧은뜨기 코에 1길 긴뜨기를 합니다.

37 1길 긴뜨기를 모두 7회 해줍니다.

38 다음의 빈 공간에 짧은뜨기합니다.

39 30번 과정과 같은 위치에 1길 긴뜨기를 3회 합니다.

40 28번 과정의 같은 코에 바늘을 넣습니다.

41 빼뜨기합니다.

42 13번째 코의 왼쪽 가닥에 빼뜨기합니다.

43 사슬 9코를 뜹니다.

44 다음 꽃잎의 중심 4번째 코에 짧은뜨기합니다. (43과 44를 반복)

45 마지막에 사슬 4코를 떠서 중심코의 18번째 코에 바늘을 넣습니다.

46 빼뜨기합니다.

47 중심코 19~21번째 코에 각각 빼뜨기합니다.

48 왼쪽 아래 공간에 실을 감아서 넣습니다.

49 1길 긴뜨기 4코, 긴뜨기 1코, 짧은뜨기 1코를 합니다.

50 꽃잎을 반, 하나, 반 이렇게만 떠줍니다.

51 사슬 26코를 만들어서 다음 꽃을 만듭니다.

52 앞의 방법과 같은 방법으로 시작합니다.

53 세 개의 모티브가 완성되면 뜨지 않은 나머지 부분을 뜨면서 처음 시점으로 되돌아옵니다.

54 첫 번째 모티브를 완성하고 두 번째 모티브로 이어질 때 꽃잎과 꽃잎 사이 사슬 3번째 코에 바늘을 넣습니다.

55 빼뜨기합니다.(편물이 뒤집히지 않도록 주의합니다.)

56 다음 모티브의 반쪽만 되어 있는 부분에 실을 감아 넣습니다.

57 1길 긴뜨기를 뜹니다.

58 1길 긴뜨기 5코, 긴뜨기 1코, 짧은뜨기 1코를 떠서 꽃잎을 완성합니다.

59 다음 꽃잎의 중심 사슬 2코까지 뜹니다.

60 먼저 떠놓은 모티브 두 번째 잎의 중심 사슬코 공간의 뒤에서 바늘을 넣습니다.

61 실을 감아 나옵니다.

62 빼뜨기합니다.

63 같은 방법으로 모티브 1단을 모두 완성합니다.

64 사슬 23코를 만들어서 두 번째 단의 모티브를 시작합니다. 방법은 첫 번째 단의 모티브 뜨기와 같습니다.

65 두 번째 모티브의 아랫단과 연결되는 부분입니다. 꽃잎 중심의 사슬 2코까지 뜹니다.

66 아랫단의 모티브 연결 부분의 뒷면에서 앞쪽으로 바늘을 넣습니다.

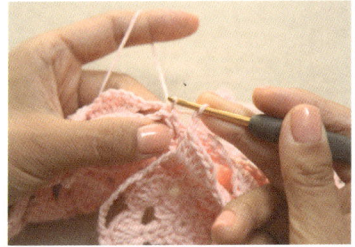

67 실을 감아 나옵니다.

68 남아있는 코까지 모두 빼내어 빼뜨기합니다.

69 두 번째 단의 모티브의 반쪽을 완성한 모습입니다.

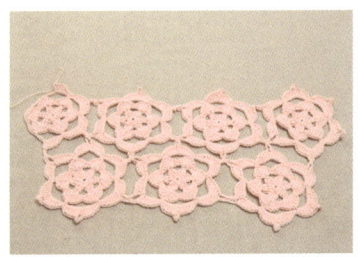

70 연결 방법은 아랫단과 같습니다.

71 세 번째 단의 모티브 반쪽을 완성합니다.

72 나머지 반쪽을 완성하면 러너가 완성됩니다. 반복되는 모티브의 개수로 사이즈를 조절 할 수 있습니다.

Chapter 03

코바늘 기본 뜨기

01 사슬뜨기

▶ 동영상 01

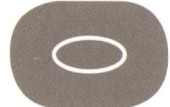

- 코바늘 뜨기의 가장 기본 방법입니다.
- 코를 만들거나 늘릴 때 사용합니다.

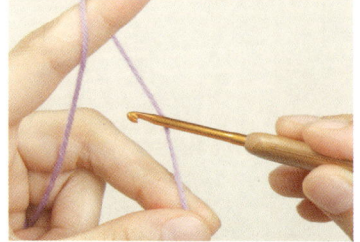

1 실 끝이 엄지손가락 쪽으로 가도록 잡고 실 앞에 바늘을 놓습니다.

2 바늘을 안쪽으로 한 바퀴 돌려 실을 감아 고리를 만듭니다.

3 만들어진 고리가 풀리지 않게 엄지와 중지로 교차점을 꼭 잡아줍니다.

4 바늘에 실을 1번 감아줍니다.

5 감은 실을 고리 사이로 통과시켜 빼냅니다.

6 짧은 실 끝을 잡아당겨 조여주면 매듭이 지어집니다.

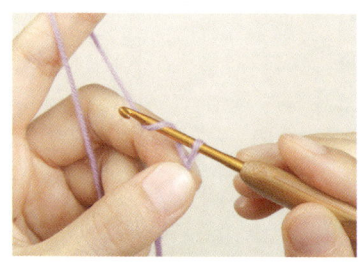

7 바늘에 실을 1번 감아서 코 사이로 빼내면, 사슬뜨기 1코가 만들어집니다.

8 원하는 콧수가 나올 때까지 반복합니다.

9 사진은 사슬뜨기 15코를 뜬 것입니다.

02 짧은뜨기

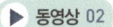 동영상 02

- 코바늘 뜨기의 기초 방법입니다.
- 인형, 티매트, 방석 등 촘촘하게 뜰 때 많이 사용합니다.

1 사슬뜨기로 원하는 콧수를 만든 후 사슬 1코를 더 떠서 기둥코를 세웁니다.

2 기둥코를 세웠던 사슬뜨기 부분이 첫 코의 시작 위치입니다.

3 첫 코에 바늘을 넣습니다.

4 바늘에 실을 1번 감아 코에서 빼냅니다.

5 바늘에 2개의 고리가 생겼습니다.

6 다시 바늘에 실을 1번 감습니다.

7 바늘을 2개의 고리에서 한번에 빼냅니다. 짧은뜨기 완성입니다.

8 다음 코에 바늘을 넣어 3~7을 계속 반복합니다.

9 두 번째(또는 다음) 단을 올릴 때는 편물을 뒤로 돌려서 시작합니다.
※ 원형으로 뜰 때는 뒤로 돌리지 않습니다.

10 기둥코로 사슬뜨기 1개를 뜹니다.

11 첫 코의 위치를 잘 확인하고 짧은 뜨기를 반복합니다.

12 짧은뜨기 5단을 완성했습니다.

03 긴뜨기

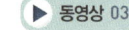 동영상 03

- 코바늘 뜨기의 기본 방법입니다.
- 짧은뜨기와 1길 긴뜨기의 중간 뜨기 방법입니다.
- 경사를 넣을 때 짧은뜨기, 1길 긴뜨기와 같이 사용합니다.

1 사슬을 원하는 콧수대로 뜬 후 사슬뜨기 2코를 더 떠서 기둥코를 세웁니다.

2 바늘에 실을 1번 감습니다.

3 기둥을 세운 코의 다음 코에 바늘을 넣어줍니다.

4 실에 바늘을 걸어줍니다.

5 걸어준 실을 코에서 빼냅니다.

6 바늘에 고리가 3개 걸려 있는 상태에서 실에 걸어줍니다.

7 걸린 실을 3개의 고리에서 한번에 빼냅니다. 긴뜨기 1코 완성입니다.

8 2~7의 과정을 반복합니다.

9 긴뜨기 2단(다음 단)을 시작할 때는 사슬뜨기 2코를 떠서 기둥코를 세웁니다.

10 2~7을 반복하여 긴뜨기 1코를 완성하였습니다.

11 긴뜨기 3단을 완성하였습니다.

❋ Point / 기둥코 세우기

코바늘은 무늬마다 높이가 다릅니다. 그래서 단을 시작할 때 무늬에 맞게 사슬뜨기로 기둥코를 세워줘야 합니다.
짧은뜨기는 사슬코 1개, 제일 많이 쓰는 1길 긴뜨기는 사슬코가 3개입니다. 짧은뜨기는 기둥코를 코로 세지 않지만, 짧은뜨기를 제외한 다른 무늬들은 기둥코를 첫 코로 셉니다.

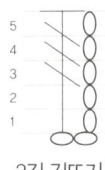 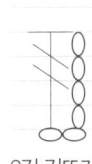 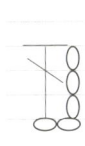  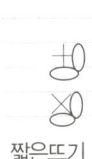

3길 긴뜨기　　2길 긴뜨기　　1길 긴뜨기　　긴뜨기　　짧은뜨기

04 1길 긴뜨기

 동영상 04

- 코바늘 뜨기의 기본 방법입니다.
- 높이가 어느 정도 있는 단을 만들 때 사용합니다.
- 짧은뜨기와 더불어 코바늘 소품, 의류에 가장 많이 사용합니다.

1 사슬을 원하는 콧수대로 뜬 후 사슬뜨기 3코를 더 떠서 기둥코를 세웁니다.

2 바늘에 실을 1번 감습니다.

3 기둥코를 세운 코의 다음 코에 바늘을 넣습니다.

4 실에 바늘을 걸어줍니다.

5 걸린 실을 코에서 빼냅니다.

6 바늘에 고리가 3개 걸려 있는 상태에서 다시 실에 걸어줍니다.

7 걸린 실을 2개의 고리에서 한번에 빼냅니다.

8 한 번 더 실에 바늘을 걸어줍니다.

9 걸린 실을 2개의 고리에서 한번에 빼냅니다. 1길 긴뜨기 1개가 완성되었습니다.

10 2단(다음 단)을 시작할 때는 편물을 뒤로 돌려 사슬뜨기 3코로 기둥코를 세웁니다.

11 2~9를 반복하여 1길 긴뜨기를 계속 뜹니다.

12 1길 긴뜨기 3단을 완성했습니다.

05 2길 긴뜨기

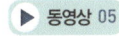 동영상 05

- 코바늘 뜨기의 기본 방법입니다.
- 1길 긴뜨기의 응용으로 1길 긴뜨기보다 더 높은 단을 만들 때 사용합니다.

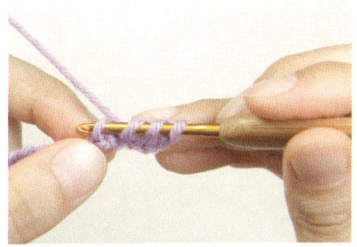

1 사슬을 원하는 콧수대로 뜬 후 사슬뜨기 4코를 더 떠서 기둥코를 세웁니다.

2 바늘에 실을 2번 감습니다.

3 기둥코를 세운 코의 다음 코에 바늘을 넣습니다.

4 실에 바늘을 걸어줍니다.

5 걸린 실을 코에서 빼냅니다.

6 바늘에 고리가 4개 걸려 있는 상태에서 다시 실에 걸어줍니다.

7 걸린 실을 2개의 고리에서 한번에 빼냅니다.

8 또 다시 실에 바늘을 걸어줍니다.

9 걸린 실을 2개의 고리에서 한번에 빼냅니다.

10 다시 실에 바늘을 걸어 남은 2개의 고리에서 한번에 빼냅니다.

11 2길 긴뜨기 완성입니다.

12 2단(다음 단)의 시작은 사슬뜨기 4코로 기둥코를 만듭니다.

13 바늘에 실을 2번 감습니다. 3~11을 반복합니다.

14 2길 긴뜨기 3단을 완성했습니다.

 # 06 빼뜨기

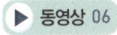

• 코바늘 뜨기의 마무리 기초 방법입니다.

1 바늘을 두 번째 코에 넣습니다.

2 바늘을 실에 걸어줍니다.

3 걸린 실을 코에서 빼냅니다.

4 1~3을 반복하여 뜹니다.

5 빼뜨기를 1단 떴습니다.

❊ Tip / 돗바늘에 실 꿰는 법

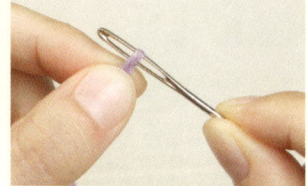
❶ 실을 바늘에 건 후 바늘 쪽으로 바짝 잡아줍니다.

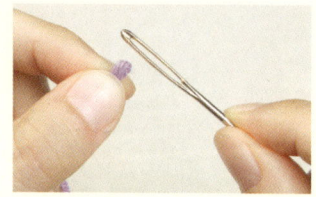
❷ 실에서 바늘을 빼냅니다.

❸ 얇게 접힌 실을 바늘귀에 통과시켜 줍니다.

❹ 한 쪽 실을 빼내면 돗바늘에 실이 꿰어집니다.

❊ Point / 돗바늘로 실 정리하는 법

❶ 실 끝을 돗바늘 머리에 끼우고 코 뒤로 넣습니다.

❷ 돗바늘을 몇 코에 걸쳐서 넣은 후 빼냅니다.

❸ 돗바늘을 빼고 실을 당겨줍니다.

❹ 남은 실을 자르고 잘 숨겨줍니다.

❺ 실 정리를 완성한 모양입니다.

07 짧은뜨기 2코 모아뜨기

- 짧은뜨기를 하다가 1코를 줄여서 편물의 사이즈를 작아지게, 또는 오므려지도록 만들어주는 방법입니다.

1 1번 코와 2번 코를 모아뜨기 하려고 합니다.

2 1번 코에 바늘을 넣습니다.

3 바늘을 실에 겁니다.

4 걸린 실을 1번 코에서 빼냅니다.

5 이번에는 2번 코에 바늘을 넣습니다.

6 바늘을 실에 겁니다.

7 걸린 실을 2번 코에서 빼냅니다. 바늘에 고리가 3개 걸려 있습니다.

8 바늘을 실에 걸어 3개의 고리에서 한번에 빼냅니다.

9 1번 코와 2번 코가 하나로 모아졌습니다.

08 짧은뜨기 3코 모아뜨기

▶ 동영상 08

- 짧은뜨기를 하다가 2코를 줄일 때 사용하는 방법입니다.
- 2코 모아뜨기보다 더 줄이고 싶을 때 사용합니다.

1 1, 2, 3번 코를 모아뜨기 하려고 합니다.

2 1번 코에 바늘을 넣어 실에 걸어줍니다.

3 걸린 실을 1번 코에서 빼냅니다.

4 2번 코에 바늘을 넣어 실에 걸어줍니다.

5 걸린 실을 2번 코에서 빼냅니다.

6 3번 코에 바늘을 넣어 실에 걸어줍니다.

7 걸린 실을 3번 코에서 빼냅니다. 바늘에 고리가 4개 걸려 있습니다.

8 바늘을 실에 걸어줍니다.

9 4개의 고리에서 한번에 빼냅니다. 1, 2, 3번 코가 하나로 모아졌습니다.

09 1길 긴뜨기 2코 모아뜨기

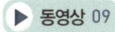 동영상 09

- 1길 긴뜨기를 하다가 1코를 줄여 편물의 사이즈를 작게 하거나 오므릴 때 사용하는 방법입니다.

1 바늘에 실을 1번 감아줍니다.

2 1번 코에 바늘을 넣습니다.

3 바늘을 실에 겁니다.

4 걸린 실을 1번 코에서 빼냅니다.

5 다시 바늘을 실에 겁니다.

6 이번에는 걸린 실을 2개의 고리에서 한번에 빼냅니다.

7 다시 바늘에 실을 1번 감습니다.

8 2번 코에 바늘을 넣습니다.

9 바늘을 실에 겁니다.

10 걸린 실을 2번 코에서 빼냅니다. 바늘에 고리가 4개 걸려 있습니다.

11 바늘을 실에 걸어 2개의 고리에서 한번에 빼냅니다.

12 바늘에 고리가 3개 걸려 있습니다.

13 바늘을 실에 겁니다.

14 걸린 실을 3개의 고리에서 한번에 빼냅니다. 1길 긴뜨기 2코 모아뜨기 1개 완성입니다.

 1길 긴뜨기 3코 모아뜨기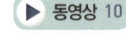

- 1길 긴뜨기를 하다가 2코를 줄일 때 사용하는 방법입니다.
- 2코 모아뜨기보다 더 줄이고 싶을 때 사용합니다.

1 바늘에 실을 1번 감습니다.

2 1길 긴뜨기 3코 모아뜨기를 할 코에 바늘을 넣습니다.

3 바늘을 실에 겁니다.

4 걸린 실을 코에서 빼냅니다.

5 다시 바늘을 실에 겁니다.

6 걸린 실을 2개의 고리에서 한번에 빼냅니다.

7 다시 바늘에 실을 1번 감습니다.

8 다음 코에 바늘을 넣습니다.

9 바늘을 실에 걸어 코에서 빼냅니다.

10 바늘에 고리가 4개 걸려 있습니다.

11 바늘을 실에 걸어 2개의 고리에서 한번에 빼냅니다.

12 바늘에 고리가 3개 걸려 있습니다.

13 바늘에 실을 1번 감습니다.

14 다음 코에 바늘을 넣습니다.

15 바늘을 실에 걸어 코에서 빼냅니다.

16 바늘에 고리 5개가 걸려 있습니다.

17 다시 바늘에 실을 걸어 2개의 고리에서 한번에 빼냅니다.

18 바늘에 고리가 4개 걸려 있습니다.

19 바늘을 실에 걸어 4개의 고리에서 한번에 빼냅니다.

20 1길 긴뜨기 3코 모아뜨기 1개 완성입니다.

11 짧은뜨기 1코 늘려뜨기

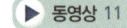 동영상 11

- 짧은뜨기를 하다가 편물의 크기를 크게 만들 때 1코를 늘려주는 방법입니다.
- 원을 만들 때 많이 사용합니다.

1 1코 늘려뜨기 할 코에 바늘을 넣습니다.

2 바늘을 실에 걸어줍니다.

3 걸린 실을 코에서 빼냅니다.

4 바늘을 실에 걸어줍니다.

5 걸린 실을 2개의 고리에서 한번에 빼냅니다. 짧은뜨기 1개 완성입니다.

6 같은 코에 다시 바늘을 넣습니다.

7 바늘을 실에 걸어줍니다.

8 걸린 실을 코에서 빼냅니다.

9 바늘을 실에 걸어 줍니다.

10 걸린 실을 2개의 고리에서 한번에 빼냅니다. 짧은뜨기 1코 늘려뜨기 1개 완성입니다.

12 짧은뜨기 2코 늘려뜨기

 동영상 12

- 짧은뜨기를 하다가 2코를 늘릴 때 사용하는 기법입니다.
- 1코 늘려뜨기보다 더 늘리고 싶을 때 사용합니다.

1 2코 늘려뜨기 할 코에 바늘을 넣습니다.

2 바늘을 실에 걸어줍니다.

3 걸린 실을 코에서 빼냅니다.

4 바늘을 실에 걸어줍니다.

5 걸린 실을 2개의 고리에서 한번에 빼냅니다.

6 같은 코에 바늘을 넣습니다.

7 바늘을 실에 걸어줍니다.

8 걸린 실을 코에서 빼냅니다.

9 바늘을 실에 걸어줍니다.

10 걸린 실을 2개의 고리에서 한번에 빼냅니다.

11 같은 코에 또 바늘을 넣습니다.

12 바늘을 실에 겁니다.

13 걸린 실을 코에서 빼냅니다.

14 바늘을 실에 걸어줍니다.

15 걸린 실을 2개의 고리에서 한번에 빼냅니다. 짧은뜨기 2코 늘려뜨기 1개 완성입니다.

 # 1길 긴뜨기 1코 늘려뜨기

- 1코에 1길 긴뜨기를 2번 하여 1코를 늘리는 기법입니다.

1 바늘에 실을 1번 감습니다.

2 1길 긴뜨기 1코 늘려뜨기를 할 코에 바늘을 넣습니다.

3 바늘을 실에 겁니다.

4 걸린 실을 코에서 빼냅니다.

5 바늘을 실에 걸어줍니다.

6 걸린 실을 2개의 고리에서 한번에 빼냅니다.

7 다시 바늘을 실에 걸어줍니다.

8 걸린 실을 2개의 고리에서 한번에 빼냅니다.

9 바늘에 실을 1번 감습니다.

10 방금 뜨기(1길 긴뜨기)를 한 코에 다시 한 번 바늘을 넣습니다.

11 바늘을 실에 겁니다.

12 걸린 실을 코에서 빼냅니다.

13 바늘을 실에 걸어줍니다.

14 걸린 실을 2개의 고리에서 한번에 빼냅니다.

15 다시 바늘을 실에 걸어줍니다.

16 걸린 실을 2개의 고리에서 한번에 빼냅니다. 1길 긴뜨기 1코 늘려뜨기 1개 완성입니다.

✻ Point / 코에 넣기와 구멍에 넣기

아래 2개의 기호를 보면 똑같은 것 같지만 자세히 살펴보면 1길 긴뜨기 끝이 떨어져 있는 것과 붙어 있는 것으로 차이가 있습니다. 각각의 뜨는 방법은 똑같으나 바늘을 넣는 위치가 다르니 사진을 잘 참고해주세요.

코에 넣기

코에 넣기는 바늘을 사슬코에 넣어 뜹니다.

구멍에 넣기

구멍에 넣기는 바늘로 사슬고리에 실을 걸어 뜹니다.

14 1길 긴뜨기 2코 늘려뜨기

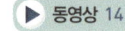

- 1코에 1길 긴뜨기를 3번 하여 2코를 늘리는 기법입니다.

1 바늘에 실을 1번 감습니다.

2 1길 긴뜨기 2코 늘려뜨기를 할 코에 바늘을 넣습니다.

3 바늘을 실에 겁니다.

4 걸린 실을 코에서 빼냅니다.

5 바늘을 실에 걸어줍니다.

6 걸린 실을 2개의 고리에서 한번에 빼냅니다.

7 또 바늘을 실에 겁니다.

8 걸린 실을 2개의 고리에서 한번에 빼냅니다. 1길 긴뜨기 1개를 완성했습니다.

9 바늘에 실을 1번 감습니다.

10 방금 뜨기를 한 같은 코에 바늘을 넣습니다.

11 3~8을 반복합니다.

12 바늘에 실을 1번 감습니다.

13 방금 뜨기를 한 같은 코에 바늘을 넣습니다.

14 3~8을 반복합니다. 1길 긴끄기 2 코 늘려뜨기 1개 완성입니다.

15 1길 긴뜨기 구멍에 넣기

▶ 동영상 15

- 구멍이 생긴 부분 윗 단에 떠주는 방법입니다.
  ※ 도안에 따라 구멍에 넣는 콧수는 차이가 있습니다.

1 바늘에 실을 1번 감습니다.

2 사슬이 아닌 단 아래로 바늘을 넣습니다.

3 바늘을 실에 걸어줍니다.

4 걸린 실을 구멍에서 빼냅니다.

5 바늘을 실에 걸어줍니다.

6 걸린 실을 2개의 고리에서 한번에 빼냅니다.

7 바늘을 실에 걸어줍니다.

8 걸린 실을 2개의 고리에서 한번에 빼냅니다.

9 바늘에 실을 1번 감습니다.

10 단 아래로 바늘을 넣습니다.

11 3~8을 반복합니다. 1길 긴뜨기 (2코) 구멍에 넣기 완성입니다.

16 이랑 짧은뜨기

 동영상 16

- 사슬고리 중 한 고리에만 바늘을 넣어서 뜨는 것을 이랑뜨기라고 합니다.
- 이랑 짧은뜨기는 뚜렷한 경계선을 만들 때 사용합니다.
- 이랑 짧은뜨기는 보편적으로 둥글게 원통 형태를 뜰 때 사용합니다.

1 밑단의 뒤편 반 코에 바늘을 넣습니다.(이랑뜨기)

❋ *Tip*

이랑 짧은뜨기는 짧은뜨기의 응용으로 바늘을 넣는 위치만 다릅니다. 코에 넣을 때 주의하세요!

2 바늘을 실에 겁니다.

3 걸린 실을 반 코에서 빼냅니다.

4 바늘을 실에 걸어줍니다.

5 걸린 실을 2개의 고리에서 한번에 빼냅니다. 이랑 짧은뜨기 완성입니다.

17 이랑 빼뜨기

▶ 동영상 17

• 편물의 마무리에 많이 사용합니다.

1 코의 뒷부분 한 가닥에만 바늘을 넣습니다.
2 실을 감아서 빼냅니다.
3 이랑 빼뜨기는 편물의 마무리에 많이 사용합니다.

18 되돌아 짧은뜨기

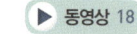 동영상 18

- 가장자리나 단 처리할 때 사용하는 뜨기 방법입니다.
- 왼쪽 방향으로 짧은뜨기를 뜨는 방법입니다.

1 사슬뜨기로 기둥코 1코를 뜹니다.
2 편물의 오른쪽 첫 코에 바늘을 넣습니다.
3 바늘을 실에 걸어줍니다.

4 걸린 실을 코에서 빼냅니다.
5 바늘을 실에 걸어줍니다.
6 걸린 실을 2개의 고리에서 한번에 빼냅니다. 되돌아 짧은뜨기 완성입니다.

19 긴뜨기 3코 구슬뜨기

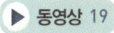 동영상 19

- 1코에 긴뜨기 3코를 뜨면서 위쪽에는 한번에 모아 뜨는 기법입니다.
- 도톰한 무늬를 만들 때 사용합니다.

1 바늘에 실을 1번 감습니다.

2 긴뜨기 3코 구슬뜨기를 할 코에 바늘을 넣습니다.

3 바늘을 실에 겁니다.

4 걸린 실을 코에서 빼냅니다.

5 긴뜨기를 마무리하지 않은 상태에서 바늘에 실을 1번 감습니다.

6 같은 코에 바늘을 넣습니다.

7 바늘을 실에 겁니다.

8 걸린 실을 코에서 빼냅니다.

9 바늘에 5개의 고리가 걸려 있는 상태에서 바늘에 실을 1번 감습니다.

10 또 같은 코에 바늘을 넣습니다.

11 바늘을 실에 겁니다.

12 걸린 실을 코에서 빼냅니다. 바늘에 고리가 7개 있습니다.

13 바늘에 실을 1번 감습니다.

14 감은 실을 7개의 고리에서 한번에 빼냅니다.

20 1길 긴뜨기 3코 구슬뜨기

▶ 동영상 20

- 1코에 1길 긴뜨기 3코를 뜨면서 위쪽에는 한번에 모아 뜨는 기법입니다.

1 사슬뜨기를 2코 뜹니다. 도안에 따라 사슬뜨기의 수는 달라집니다.

2 바늘에 실을 1번 감습니다.

3 구슬뜨기할 코에 바늘을 넣습니다.

4 바늘을 실에 겁니다.

5 걸린 실을 코에서 빼냅니다.

6 바늘을 실에 겁니다.

7 걸린 실을 2개의 고리에서 한번에 빼냅니다.

8 바늘에 실을 1번 감습니다.

9 같은 코에 바늘을 넣습니다.

10 바늘을 실에 겁니다.

11 걸린 실을 코에서 빼냅니다.

12 바늘을 실에 겁니다.

13 걸린 실을 2개의 고리에서 한번에 빼냅니다.

14 바늘에 실을 1번 감아 같은 코에 바늘을 넣습니다.

15 10~13을 반복합니다. 바늘에 4개의 코가 걸려 있습니다.

16 다시 바늘을 실에 겁니다.

17 걸린 실을 4개의 코에서 한번에 빼냅니다. 1길 긴뜨기 3코 구슬뜨기 완성입니다.

21 1길 긴뜨기 5코 팝콘뜨기

▶ 동영상 21

- 1코에 1길 긴뜨기를 5개 떠서 입체적인 무늬를 만드는 기법입니다.
- 무늬나 도안에 따라 양쪽에 들어가는 사슬뜨기의 콧수는 달라집니다.

1 바늘에 실을 1번 감아 팝콘뜨기할 코에 바늘을 넣습니다.

2 코를 통과한 바늘을 실에 겁니다.

3 걸린 실을 코에서 빼냅니다.

4 다시 바늘을 실에 걸어 2개의 고리에서 한번에 빼냅니다.

5 또 다시 바늘을 실에 걸어 2개의 고리에서 한번에 빼냅니다.

6 1길 긴뜨기 1개를 완성한 모양입니다.

7 바늘에 실을 1번 감아 같은 코에 넣습니다. 2~5를 4번 반복합니다.

8 1코에 1길 긴뜨기 5개를 뜬 모양입니다.

9 코를 길게 뺀 후 바늘을 뺍니다.

10 처음에 떴던 1길 긴뜨기 첫 코 위에 바늘을 넣습니다.

11 마지막에 떴던 1길 긴뜨기 코에 바늘을 걸어 잡아 빼냅니다.

12 1길 긴뜨기 5코 팝콘뜨기 완성입니다.

 **22** # 1길 긴뜨기 10코 팝콘뜨기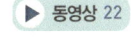

- 입체적인 무늬를 표현할 때 사용합니다.

1 1길 긴뜨기를 같은 코에 10개를 합니다.

2 코에서 바늘을 빼서 처음에 한 1길 긴뜨기 코에 바늘을 넣습니다.

3 2의 빼놓은 코를 바늘에 걸어줍니다.

4 실을 감지 않고 그대로 코를 빼냅니다.

5 1~4를 반복합니다. 팝콘무늬 사이에 1길 긴뜨기는 3코씩입니다.

23 1길 긴뜨기 앞걸어뜨기

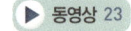 동영상 23

- 아랫단의 기둥 앞에서 걸어 뜨는 방법입니다.
- 입체적인 무늬를 만들 수 있습니다.

1 바늘에 실을 1번 감습니다.

2 아래 코의 기둥에 바늘을 넣습니다.
※ 아래 코가 아님에 주의하세요!

3 코의 기둥을 통과한 바늘을 실에 걸어 빼냅니다.

4 바늘에 고리 3개가 걸려 있습니다.

5 다시 바늘을 실에 걸어 2개의 고리에서 한번에 빼냅니다.

6 다시 바늘을 실에 걸어 남은 고리 2개에서 한번에 빼냅니다.

7 1길 긴뜨기 앞걸어뜨기를 완성하였습니다.

24 1길 긴뜨기 3코 앞걸어뜨기 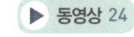 동영상 24

- 입체적인 솔잎 모양을 표현할 때 사용합니다.

1 실을 바늘에 감습니다.

2 두 번째 코의 기둥 앞에서 넣어 다음 코 기둥 사이로 뺍니다.

3 실을 감아서 빼냅니다.

4 실을 감아 2코를 빼냅니다.

5 다시 실을 감아서 남아 있는 2코를 빼냅니다.(1길 긴뜨기 앞 걸어뜨기)

6 바늘에 실을 감습니다.

7 2와 같은 코에 같은 방법으로 바늘을 넣습니다.

8 실을 감아서 빼냅니다.

9 실을 감아 2코를 한꺼번에 뺍니다.

10 실을 감아 남아 있는 2코도 한꺼번에 빼냅니다.

11 7~10을 한 번 더 반복합니다.

12 무늬를 반복한 모양입니다. 무늬 사이에는 1길 긴뜨기가 1코씩 있습니다.

25 1길 긴뜨기 뒤걸어뜨기

▶ 동영상 25

- 아랫단의 기둥 뒤에서 걸어 뜨는 방법입니다.
- 입체적인 무늬를 만들 수 있습니다.

1 바늘에 실을 1번 감습니다.

2 코가 아닌 뒷면에서 바늘을 기둥 앞으로 넣습니다.

3 바늘을 기둥을 통과시켜 뒤로 넣습니다.

4 기둥을 통과한 바늘을 실에 걸어 빼냅니다.

5 바늘에 고리가 3개 걸려 있습니다.

6 바늘을 실에 걸어 2개의 고리에서 한번에 빼냅니다.

7 이제 바늘에 고리가 2개 걸려 있습니다.

8 다시 바늘을 실에 걸어 2개의 고리에서 한번에 빼냅니다.

9 1길 긴뜨기 뒤걸어뜨기를 완성하였습니다.

26 조개뜨기

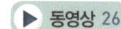 동영상 26

- 1길 긴뜨기를 이용하여 무늬 만드는 방법입니다.
- 1코에 '1길 긴뜨기 2개+사슬뜨기 1개+1길 긴뜨기 2개'를 한 것입니다.
  ※ 사슬뜨기의 개수는 도안에 따라 다르므로 주의하세요!

1 바늘에 실을 1번 감습니다. 도안을 보고 첫 코의 위치를 확인합니다.

2 사슬코 2개를 띄우고 3번째 코에 바늘을 넣습니다.
※ 띄우는 사슬코의 수는 도안에 따라 다르므로 주의하세요!

3 바늘을 실에 걸어 코에서 빼냅니다.

4 바늘을 실에 걸어 2개의 고리에서 한번에 빼냅니다.

5 바늘에 고리가 2개 걸려 있는 상태에서 다시 바늘을 실에 걸어 2개의 고리에서 한번에 빼냅니다.

6 1길 긴뜨기 1개를 완성하였습니다. 같은 코에 1길 긴뜨기를 1개 더 뜹니다.

7 1코에 1길 긴뜨기를 2개 뜬 모양입니다.

8 바늘에 실을 1번 감아 코에서 빼냅니다.

9 사슬뜨기 1개가 완성되었습니다.
※ 사슬뜨기 개수는 도안에 따라 다르므로 도안을 확인하세요!

10 바늘에 실을 1번 감아 1길 긴뜨기를 2개 뜬 코와 같은 코에 바늘을 넣습니다.

11 바늘을 실에 걸어 코에서 빼냅니다.

12 바늘에 고리가 3개 걸려 있는 상태에서 실에 걸어 2개의 고리에서 한 번에 빼냅니다.

13 바늘에 고리가 2개 걸려 있는 상태에서 실에 걸어 2개의 고리에서 한 번에 빼냅니다.

14 1길 긴뜨기 1개를 완성하였습니다. 같은 코에 1길 긴뜨기를 1개 더 뜹니다.

15 조개뜨기를 완성하였습니다.

27 솔잎뜨기

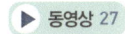

▶ 동영상 27

- 1길 긴뜨기를 1코에 5개 떠서 솔잎 모양을 만드는 방법입니다.

1 바늘에 실을 1번 감습니다. 도안을 보고 코의 위치를 확인합니다.

2 코 2개를 띄우고 3번째 코에 바늘을 넣습니다.
※ 도안에 따라 다르므로 도안을 확인하세요!

3 바늘을 실에 걸어 코에서 빼냅니다.

4 바늘에 고리가 3개 걸려 있습니다.

5 바늘을 실에 걸어 2개의 고리에서 한번에 빼냅니다.

6 바늘에 고리 2개가 걸려 있습니다.

7 다시 바늘을 실에 걸어 2개의 고리에서 한번에 빼냅니다.

8 1길 긴뜨기 1개를 완성하였습니다. 같은 코에 1길 긴뜨기를 4번 더 뜹니다.

9 1코에 1길 긴뜨기 5개를 뜨면 솔잎뜨기 모양이 나옵니다.

10 이제 솔잎뜨기를 마무리합니다. 2코 띄우고 3번째 코에 바늘을 넣습니다.
※ 도안에 따라 다르므로 도안을 확인하세요!

11 바늘을 실에 걸어 코에서 빼냅니다.

12 바늘에 고리가 2개 걸린 상태에서 실에 걸어 2개의 고리에서 한번에 빼냅니다.

13 짧은뜨기 1개를 함으로써 솔잎뜨기 1개를 마무리합니다.

※ 도안에 따라 짧은뜨기의 콧수는 달라질 수 있으므로 주의하세요!

14 솔잎뜨기를 완성한 모양입니다.

28 2길 긴뜨기 접어뜨기

▶ 동영상 28

• 입체적인 선과 테두리를 표현할 때 사용합니다.

1 짧은뜨기를 한 단 뜹니다.

2 이랑 2길 긴뜨기를 뜨기 위해 사슬 4코를 떠서 기둥코를 만듭니다.

3 코의 앞 가닥에만 바늘을 넣어 이랑 2길 긴뜨기를 뜹니다.

4 전단의 이랑 짧은뜨기 하고 남아 있는 한 가닥에 바늘을 넣습니다.

5 2길 긴뜨기 코의 앞 가닥에도 바늘을 넣습니다.

6 짧은뜨기합니다.

7 끝까지 짧은뜨기합니다.

8 편물을 돌려서 앞에서 본 모양입니다.

9 2길 긴뜨기 접어뜨기의 완성입니다.

29 X자 뜨기

 동영상 29

• X자 모양을 만들 수 있는 뜨기 방법입니다.

1 먼저 사슬뜨기 6코를 뜹니다.

2 바늘에 실을 2번 감습니다.

3 코의 위치를 잘 확인하여 사슬뜨기 6코를 뜬 코에 바늘을 넣습니다.

4 바늘을 실에 걸어 코에서 빼냅니다.

5 바늘에 고리가 4개 걸려 있는 상태에서 실을 감아 2개의 고리에서 빼냅니다.

6 바늘에 고리가 3개 걸려 있는 상태에서 실을 1번 감습니다.

7 아래에 2코를 띄우고 세 번째 코에 바늘을 넣습니다.

8 바늘을 실에 걸어 코에서 빼냅니다.

9 바늘에 5개의 고리가 있는 상태에서 실에 걸어줍니다.

10 걸린 실을 2개의 고리에서 한번에 빼냅니다.

11 바늘에 4개의 고리가 걸려 있는 상태에서 실에 걸어 2개의 고리에서 한번에 빼냅니다.

12 바늘에 3개의 고리가 걸려 있는 상태에서 실에 걸어 2개의 고리에서 한번에 빼냅니다.

13 바늘에 2개의 고리가 걸려 있는 상태에서 실에 걸어 2개의 고리에서 한번에 빼냅니다.

14 사슬뜨기를 2코 뜨고 바늘에 실을 1번 감습니다.

※ 7에서 2코를 띄웠기 때문에 같은 수만큼 사슬뜨기를 2코 뜬 것입니다.

15 교차된 부분(감긴 부분) 2코에 바늘을 넣습니다.

16 2코를 통과한 바늘을 실에 걸어 2코에서 한번에 빼냅니다.

17 바늘에 고리가 3개 걸려 있는 상태에서 실에 걸어 2개의 고리에서 한번에 빼냅니다.

18 바늘에 고리가 2개 걸려 있는 상태에서 실에 걸어 2개의 고리에서 한번에 빼냅니다. X자 뜨기 완성입니다.

30 Y자 뜨기

▶ 동영상 30

- Y자 무늬를 만들 때 사용합니다.

1 바늘에 실을 2번 감습니다.

2 2코를 띄우고 3번째 코에 바늘을 넣습니다.

3 바늘을 실에 걸어 코에서 빼냅니다.

4 바늘에 고리가 4개 걸려 있는 상태에서 실에 걸어 2개의 고리에서 한번에 빼냅니다.

5 바늘에 고리가 3개 걸려 있는 상태에서 실에 걸어 2개의 고리에서 한번에 빼냅니다.

6 바늘에 고리가 2개 걸려 있는 상태에서 실에 걸어 2개의 고리에서 한번에 빼냅니다.

7 2길 긴뜨기 1개를 완성하였습니다.
※ 사슬뜨기의 콧수는 도안에 따라 다를 수 있으니 주의하세요.

8 이제 1길 긴뜨기 1개를 떠야 합니다. 사슬뜨기 1코를 뜬 후 바늘에 실을 1번 감습니다.

9 맨 아래 사선 부분과 옆부분에 같이 바늘을 넣습니다.

10 바늘을 실에 걸어 2코에서 한번에 빼냅니다.

11 바늘에 고리가 3개 걸려 있는 상태에서 실에 걸어 2개의 고리에서 한번에 빼냅니다.

12 바늘에 고리가 2개 걸려 있는 상태에서 실에 걸어 2개의 고리에서 한번에 빼냅니다.

13 Y자 뜨기를 완성하였습니다.

 # 31 링뜨기

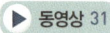

- 짧은뜨기를 하면서 뒤쪽에 링을 만들어주는 기법입니다.

1 짧은뜨기를 1단 뜬 후 사슬뜨기로 기둥코 1코를 세웁니다.

2 링뜨기를 할 코에 바늘을 넣습니다.

3 중지로 실을 바늘 뒤로 눌러줍니다.
※ 손가락의 굵기가 링의 크기입니다.

4 중지로 실을 누른 상태에서 바늘을 실에 걸어 코에서 빼냅니다.

5 중지가 여전히 실을 누른 상태에서 바늘을 실에 걸어 2코에서 한번에 빼냅니다.

6 짧은뜨기 1개를 완성했습니다. 손가락을 빼면 뒤쪽에 링이 1개 생겨 있습니다.

❊ Tip / 손가락 2개를 이용한 링뜨기

❶ 사슬뜨기로 기둥코 1코를 뜹니다.

❷ 링뜨기할 코에 바늘을 넣습니다.

❸ 중지와 약지로 실을 바늘 뒤로 눌러줍니다.

❹ 손가락 2개로 실을 누른 상태에서 바늘을 실에 걸어 코에서 빼냅니다.

❺ 손가락으로 실을 누른 상태에서 바늘을 실에 걸어 2개의 고리에서 한번에 빼냅니다.

❻ 짧은뜨기 1개를 완성했습니다. 손가락을 빼면 뒤쪽에 좀 더 큰 링이 만들어집니다.

❼ 필요에 따라 링의 크기를 조절하면 됩니다.

32 칠보뜨기

▶ 동영상 32

- 짧은뜨기를 하면서 실을 길게 빼주는 뜨기 방법입니다.
- 주로 구멍이 많은 무늬를 만들 때 사용합니다.

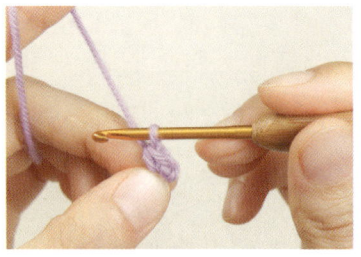

1 사슬뜨기 1코를 뜨고 기둥코도 1개 만든 후 사슬코에 짧은뜨기 1코를 뜹니다.

2 바늘로 실을 위로 길게 빼준 상태에서 바늘을 실에 겁니다.

3 그 상태에서 사슬뜨기 1코를 뜹니다.

4 앞쪽에서 봤을 때 뒤쪽에 걸린 실에 바늘을 넣습니다.

5 바늘을 실에 걸어 1개의 코에서 빼냅니다.

6 바늘에 코가 2개 걸려 있는 상태에서 바늘을 실에 걸어 한번에 빼냅니다.

7 짧은뜨기 1개를 완성하면 칠보뜨기 1개 완성입니다. 2~6을 반복하여 칠보뜨기를 계속 뜹니다.

8 칠보뜨기 모양을 만들 때는 보통 칠보뜨기 4코로 마름모(사각형) 모양을 만듭니다.

9 마름모 모양을 만들기 위해 칠보뜨기 4번째 코의 끝 짧은뜨기에 바늘을 넣습니다.

10 바늘을 실에 걸어 코에서 바늘을 빼냅니다.

11 다시 바늘을 실에 걸어 2코에서 한번에 바늘을 빼냅니다.

12 짧은뜨기 1코를 완상함으로써 마름모 모양 1개를 완성하였습니다.

13 바늘로 실을 위로 길게 빼서 칠보뜨기를 2개 더 뜹니다.

14 칠보뜨기 2개를 떴으면 아랫단의 칠보뜨기 2번째 코의 끝 짧은뜨기에 바늘을 넣습니다.

15 짧은뜨기 1코를 완성하면 마름모 모양이 또 1개 완성됩니다.

33 피코뜨기

▶ 동영상 33

- 사슬코 3개로 만드는 뜨기 방법입니다.
- 편물 가장자리에 장식으로 많이 사용합니다.

1 피코를 만들 위치에서 사슬뜨기 3코를 뜹니다.

2 다음 코에 바늘을 넣습니다.
※ 바늘을 넣는 코의 위치는 도안 또는 무늬에 따라 다를 수 있어요!

3 짧은뜨기로 피코뜨기를 해보겠습니다. 바늘을 실에 걸어 코에서 빼냅니다.

4 바늘에 고리가 2개 걸려 있는 상태에서 실에 걸어 2개의 고리에서 한번에 빼냅니다.

5 코와 코 사이를 사슬코 3개로 이어주는 피코뜨기가 완성되었습니다.

34 피코 빼뜨기

▶ 동영상 34

- 피코뜨기를 한 후 마지막에 빼드기를 하여 조금 더 오므리는 뜨기 방법입니다.

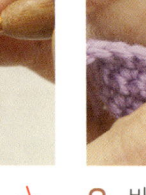

1 피코를 만들 위치에서 사슬뜨기 3코를 뜹니다.

2 짧은뜨기의 앞 반코와 왼쪽 기둥에 바늘을 넣습니다.

3 바늘을 실에 걸어 3개의 고리에서 한번에 빼냅니다.

4 피코빼뜨기를 완성한 모양입니다.

35 실로 원형코 만들기

▶ 동영상 35

- 원형뜨기를 할 때 사용하는 방법입니다.
- 가운데 구멍이 없이 꽉 조여지는 무늬를 뜰 때 사용합니다.

1 실을 살짝 돌려 사진과 같이 고리 모양을 만들어 엄지와 중지로 잡아줍니다.

2 도안에 따라 짧은뜨기를 떠 보겠습니다. 고리 안에 바늘을 넣어 실을 겁니다.

3 걸린 실을 고리 밖으로 가지고 나옵니다.

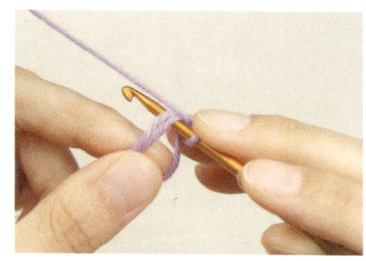

4 짧은뜨기를 하기 위해서 사슬뜨기로 기둥코 1코를 세웁니다.

5 고리와 끝실을 겹쳐 2겹이 된 부분에 바늘을 넣어 짧은뜨기를 합니다.

6 고리 모양 실에 짧은뜨기 1개를 뜬 모양입니다. 도안에 따라 원하는 콧수만큼 짧은뜨기를 뜹니다.

7 원하는 콧수만큼 짧은뜨기를 뜬 모양입니다.

8 고리 둘레에 있는 짧은 실을 잡아당겨 짧은뜨기 코들을 모아 오므려줍니다.

9 첫 번째 짧은뜨기 코에 바늘을 넣어 빼뜨기로 마무리합니다.

 36 사슬뜨기로 원형코 만들기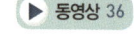

- 원형뜨기를 할 때 사용하는 방법입니다.
- 가운데 구멍을 내는 무늬를 뜰 때 사용합니다.

1 사슬뜨기 6코를 뜹니다.
※ 도안에 따라 사슬뜨기 콧수는 다릅니다.

2 처음에 뜬 사슬코에 바늘을 넣습니다.

3 바늘을 실에 걸어 2코에서 한번에 빼냄으로써 빼뜨기로 마무리합니다.

4 사슬뜨기로 원형코 만들기를 완성한 모양입니다.

5 이제 도안대로 떠보겠습니다. 사슬뜨기로 기둥코 1코를 세웁니다.

6 원형코 아래로 바늘을 넣어 실에 걸어 짧은뜨기를 합니다.

7 도안에 따라 원하는 콧수만큼 짧은뜨기를 뜹니다.

8 첫 번째 짧은뜨기 코에 바늘을 넣어 실을 걸어준 후 한번에 빼냅니다(빼뜨기).

9 도안대로 사슬뜨기로 원형코 뜨기를 완성했습니다.

Chapter 04

응용 및 장식

37 가로배색뜨기

▶ 동영상 37

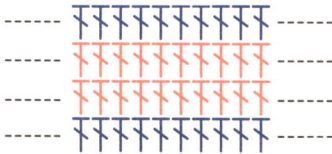

- 편물 중간에 가로 방향으로 다른 색을 넣고 싶을 때 사용하는 방법입니다.

1 가로배색을 하기 전 단 마지막 코의 1길 긴뜨기를 마무리하기 전 상태입니다.

2 배색할 실(분홍색 실)과 편물에 있는 실(보라색 실)을 함께 살짝 묶습니다.

3 바늘을 배색할 실(분홍색)에 걸어줍니다.

4 걸린 실(분홍색)을 바늘에 걸려 있는 2개의 고리에서 한번에 빼냅니다.

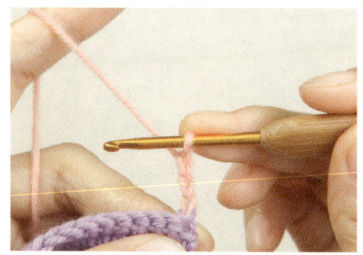

5 편물을 오른쪽으로 돌려 시슬뜨기 3코를 뜨고, 원하는 단만큼 1길 긴뜨기를 뜹니다.

6 배색할 실(분홍색)로 1길 긴뜨기 2단을 뜨고 마지막 코를 뜨지 않은 상태입니다.

7 처음에 떴던 보라색 실을 바늘에 걸어줍니다.

8 걸린 실(보라색)을 바늘에 걸려 있는 2개의 고리에서 한번에 빼냅니다.

9 도안에 따라 1길 긴뜨기를 떠서 가로배색뜨기를 완성한 편물의 모양입니다.

38 코바늘 배색(이랑 짧은뜨기)
▶ 동영상 38

• 이랑 짧은뜨기로 배색을 하는 방법입니다.

1 코의 뒤 가닥에 바늘을 넣습니다. 다른 배색실의 밑으로 바늘이 들어갑니다.

2 실을 감습니다.

3 실이 감아 나왔을 때 배색실은 뜨고 있는 실과 바늘에 걸려 있는 코 사이에 있습니다.

4 실을 감아 2코를 한꺼번에 빼면 짧은뜨기가 완성됩니다.

5 실의 색을 바꿀 때는 전 코의 완성하기 전 단계에서 바꿀 색의 실을 왼손에 걸어주고 뜨던 실은 아래에 놓습니다.

6 바뀌는 색의 실을 바늘에 감습니다.

7 바뀌어야 하는 실로 2코를 한꺼번에 뜹니다.

8 한 코를 뜨면 배색이 된 모양이 나옵니다.

39 세로배색뜨기

▶ 동영상 39

• 편물 중간에 세로 방향으로 다른 색을 넣을 때 사용합니다.

※ 세로배색뜨기의 뒷면

배색되는 실이 서로 위쪽 방향으로 엇갈려 있습니다.

1 세로배색할 코의 바로 전 1길 긴뜨기의 마무리하기 전 상태입니다.

2 배색할 실(분홍색 실)과 편물에 있는 실(보라색 샐)을 뒤쪽에서 살짝 묶어 줍니다.

3 바늘을 배색할 실(분홍색)에 걸어 2개의 고리에서 한번에 빼냅니다.

4 배색하는 실(분홍색)로 1길 긴뜨기를 뜹니다.

5 한 단을 마무리하고 다음 단의 배색하기 전 코 1길 긴뜨기를 마무리하지 않은 상태입니다.

6 바늘을 남겨두었던 실(보라색)에 걸어 2개의 고리에서 한번에 빼냅니다.

7 원래 편물을 떴던 실(보라색)로 1길 긴뜨기를 계속 뜹니다.

8 세로배색뜨기 3단을 완성한 모양입니다.

40 둥근 모서리뜨기

▶ 동영상 40

• 구멍이 생긴 부분 윗 단에 떠주는 방법입니다.

※ 도안에 따라 짧은뜨기의 콧수는 다를 수 있습니다.

1 짧은뜨기로 둥근 모서리를 만들어보겠습니다. 도안에 따라 다른데, 3코 정도 뜨면 둥근 모서리가 됩니다.

2 사진과 같이 사슬코 아래(구멍)로 바늘을 넣습니다.

3 바늘을 실에 걸어 사슬코 위로 빼냅니다.

4 바늘에 고리가 2개 걸려 있는 상태에서 실에 걸어 2개의 고리에서 한 번에 빼냅니다.

5 같은 사슬코 구멍에서 2~4(짧은뜨기)를 2번 더 반복합니다.
※ 짧은뜨기 총 3코

6 진행 방향대로 짧은뜨기를 계속 뜹니다.

7 짧은뜨기 3코로 둥근 모서리가 만들어졌습니다.

41 각진 모서리뜨기

▶ 동영상 41

- 짧은뜨기 5코를 이용하여 모서리를 각지게 만드는 방법입니다.

※ 도안에 따라 짧은뜨기의 콧수는 다를 수 있습니다.

1 짧은뜨기로 각진 모서리를 만들어보 겠습니다. 도안에 따라 다른데, 5코 정도 뜨면 각진 모서리가 됩니다.

2 사진과 같이 사슬코 아래(구멍)로 바 늘을 넣습니다.

3 바늘을 실에 걸어 사슬코 위로 빼냅 니다.

4 바늘에 고리가 2개 걸려 있는 상태 에서 실에 걸어 2개의 고리에서 한 번에 빼냅니다.

5 같은 사슬코 구멍에서 2~4(짧은뜨 기)를 4번 더 반복합니다.

※ 짧은뜨기 총 5코

6 진행 방향대로 짧은뜨기를 계속 뜹 니다.

7 짧은뜨기 5코로 각진 모서리가 만들 어졌습니다.

42 사슬로 모티브 연결하기

▶ 동영상 42

• 모티브 연결은 보통 빼뜨기로 표시 합니다(돗바늘 연결 제외).

1 미완성 모티브와 연결할 완성한 모티브를 준비합니다.

2 뜨고 있는 모양은 사슬코 5코로 만들어진 무늬이므로, 미완성(보라색) 모티브에서 먼저 사슬코 2코를 뜹니다.

3 3번째 사슬코를 뜨기 전에 연결할 모티브(분홍색)의 사슬코 아래에 바늘을 넣습니다.

4 바늘을 미완성인 모티브에 있는 실(보라색)에 걸어 분홍색 사슬코와 바늘에 걸려 있는 고리에서 한번에 빼냅니다.

5 3번째 사슬코가 떠지면서 모티브 2개가 연결되었습니다.

6 모양이 사슬 5코로 이루어져 있기 때문에 나머지 사슬 2코를 뜹니다.

7 도안을 참고하여 무늬에 맞춰 코에 바늘을 넣어 떠줍니다.

8 짧은뜨기 1개를 뜹니다. 연결할 부분이 되면 2~7을 반복하여 연결합니다.

43 돗바늘로 모티브 연결하기

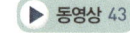 동영상 43

• 완성된 모티브를 연결할 때 사용하는 방법입니다.

1 연결할 모티브를 2개 준비합니다.
※ 돗바늘로 연결할 때는 완성된 모티브를 2개 준비하세요!

2 모티브 2개를 안쪽끼리 맞대어 겹쳐 놓습니다. 돗바늘에 실을 꿰어 둡니다.

3 시작 위치(끝 코)에 각 모티브의 반 코씩 돗바늘을 넣습니다. 이때 같은 코끼리 1코씩 연결해도 되고, 반 코씩 연결해도 됩니다.
※ 시작 위치는 도안에 따라 다를 수 있어요!

4 같은 코끼리 한 방향으로 감침질을 하여 연결해줍니다.

5 연결할 부분에 감침질을 다 했으면 실은 매듭지어 잘 숨겨줍니다.
※ 돗바늘로 실 정리하는 법 76쪽을 참고하세요.

 # 44 1길 긴뜨기로 모티브 연결하기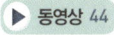

1 미완성 모티브와 연결할 완성한 모티브를 준비합니다. 두 모티브의 같은 면을 연결해보겠습니다.

2 미완성 모티브(보라색)에서 먼저 사슬뜨기 3코를 뜹니다.

※ 도안에 따라 사슬코의 수는 달라질 수 있어요!

3 미완성 모티브(보라색)의 사슬코에서 바늘을 뺀 후 연결할 모티브(분홍색)의 1길 긴뜨기 맨 끝 코에 바늘을 넣습니다.

4 다시 처음에 바늘을 뺐던 미완성 모티브(보라색)의 사슬코에 바늘을 걸어줍니다.

5 실(보라색)이 걸린 바늘을 연결할 모티브(분홍색)의 코에서 빼냅니다.

6 바늘에 실을 1번 감아 미완성 모티브(보라색)의 사슬코 아래로 넣습니다.

7 바늘을 실에 걸어 사슬코 위로 빼냅니다.

8 바늘에 고리가 3개 걸려 있는 상태에서 실에 걸어 2개의 고리에서 한번에 빼냅니다.

9 바늘에 고리 2개가 걸려 있는 상태에서 실에 걸어 2개의 고리에서 한번에 빼냅니다.

10 두 모티브의 같은 면에서 연결하여 1길 긴뜨기를 1개 떴습니다.

11 연결할 면에 있는 1길 긴뜨기의 수만큼 반복하여 뜨면 두 모티브의 한 면이 연결됩니다.

45 코바늘 경사뜨기(짧은뜨기)

• 높이가 다른 편물 즉 어깨 처짐 등에 사용합니다.

1 마무리 하듯 코를 잡아당겨 크게 한 다음 코 가운데로 실을 빼냅니다.

2 실을 잡아당깁니다.

3 4번째 코에 바늘을 넣고 실을 감습니다.

4 늘어지는 실을 너무 세게 당기면 편물이 울므로 느슨하게 여유를 두고 빼냅니다.

5 사슬 1코를 떠서 벌어지지 않도록 잡아당깁니다.

6 4코가 남을 때까지 짧은뜨기하고 남아있는 첫 번째 코에 빼뜨기합니다.

7 코를 크게 잡아당겨서 코 중앙으로 실을 뺍니다.

8 실을 잡아당깁니다. 같은 방법으로 마지막 1단이 남을 때까지 뜹니다.

9 정리 단을 뜨기 위해 첫 번째 코에 바늘을 넣습니다. 실은 끊지 않고 이어서 끌어옵니다.

10 실을 너무 세게 잡아당겨 오그라지지 않도록 여유를 두고 코를 감아 나옵니다.

11 기둥코 사슬 1코를 뜬 후 첫 번째 코에 바늘을 넣습니다. 걸쳐진 실 아래로 바늘이 들어갑니다.

12 두 번째 코도 같은 방법으로 걸쳐진 실의 아래로 바늘을 넣어 실을 감아 나옵니다.

13 실을 감아 두 코를 한꺼번에 빼서 짧은뜨기를 완성합니다.

14 코마다 모두 짧은뜨기를 합니다.

46 가로 단춧구멍 만들기

▶ 동영상 46

1 단춧구멍이 시작되는 부분에서 사슬뜨기 3코를 뜹니다.
※ 단추 크기에 따라 사슬뜨기의 콧수가 달라집니다.

2 사슬뜨기를 한 콧수만큼 3코를 띄우고 4번째 코에 바늘을 넣습니다.

3 바늘을 실에 걸어 코에서 빼냅니다.

4 바늘에 고리가 2개 걸린 상태에서 실에 걸어 2개의 고리에서 한번에 빼냅니다.

5 짧은뜨기 1개를 완성했습니다. 계속해서 짧은뜨기를 뜹니다.

6 다음 단의 단춧구멍 시작 위치까지 짧은뜨기를 하였습니다.

7 사슬단 아래로 바늘을 넣어 짧은뜨기를 뜹니다.

8 처음에 단춧구멍을 만들 때 사슬뜨기를 3코 했으므로 짧은뜨기도 3코 떠줍니다.

9 짧은뜨기를 계속 반복하여 단을 완성합니다.

✽ Point / 단추 달기

❶ 돗바늘에 실을 꿰어 단추 달 위치에 바늘을 넣습니다.
※ 돗바늘에 실 꿰는 법 90쪽을 참고하세요.

❷ 실 자체에 매듭을 하지 않고 코 사이로 바늘을 왔다갔다하여 실을 편물에 고정시킵니다.

❸ 바늘에 단추를 넣어 보통의 바느질에서처럼 단추를 달면 됩니다.

❹ 단추를 단단하게 달기 위해 실기둥에 실을 몇 번 감아줍니다.

❺ 단추 달기 마무리는 편물 뒤에서 실을 정리합니다.

❻ 단추 달기를 완성하였습니다.

47 세로 단춧구멍 만들기

▶ 동영상 47

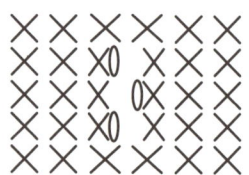

1 단춧구멍의 시작 위치까지 짧은뜨기를 뜹니다.

2 그 상태에서 편물을 뒤로 돌려 반대로 짧은뜨기를 떠나갑니다.

3 세로의 길이는 단추의 크기만큼 조절해줍니다. 여기서는 3단을 떠보았습니다.

4 실을 위로 길게 빼서 가위로 실을 자릅니다.

5 코가 끝났던 부분(되돌아 떴던 부분) 바로 옆에 바늘을 넣습니다.

6 4에서 잘랐던 긴 실로 다시 짧은뜨기를 합니다.

7 반대편에 떴던 단만큼 짧은뜨기 3단을 뜹니다.

8 편물을 뒤로 돌려서 짧은뜨기를 계속 떠줍니다.

9 벌어진 두 부분에서도 같은 방법으로 짧은뜨기를 해서 연결시켜줍니다.

48 단추 고리 만들기

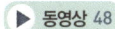 동영상 48

1 단추 고리를 만들어야 할 부분에서 사슬뜨기 5코를 뜹니다.
※ 단추 크기에 따라 사슬뜨기의 콧수는 달라집니다.

2 뒤로 4번째 코에 바늘을 넣습니다.
※ 짧은뜨기를 합니다.

3 바늘을 실에 걸어 코에서 빼냅니다.

4 바늘에 고리가 2개 걸린 상태에서 실에 걸어 한번에 빼냅니다.

5 사슬고리에 바늘을 넣어 짧은뜨기를 합니다.

6 사슬고리에 짧은뜨기 5개를 뜬 모양입니다. 단추 고리가 완성되었습니다.

49 단추싸개 만들기

▶ 동영상 49

- 단추싸개 도안은 가지고 있는 단추 크기를 참고하여 콧수를 변경하여 사용하면 됩니다.

1 실로 원형코를 만들어 짧은뜨기 8코를 뜨고, 짧은 실을 잡아당겨 동그랗게 만듭니다.

2 빼뜨기로 마무리 하지 않고 첫 코 머리에 바늘을 넣어 짧은뜨기로 2단을 시작합니다.

3 도안을 참고하여 2단은 짧은뜨기 1코에 짧은뜨기를 2개씩 떠줍니다 (총 16코).
※ 짧은뜨기 1코 늘려뜨기 |

4 도안을 참고하여 3단은 짧은뜨기 1코와 짧은뜨기 1코 늘려뜨기를 반복하여 뜹니다(총 24코).

5 도안을 참고하여 4단은 짧은뜨기 1코마다 1코씩 짧은뜨기를 뜹니다 (총 24코).

6 5단은 짧은뜨기 2코 모아뜨기를 합니다. 짧은뜨기 1코에 바늘을 넣어 실을 걸어 나와 마무리하지 않은 상태에서 다음 코에 바늘을 넣어 실을 걸어 나와 3코가 됐을 때 한번에 빼냅니다.

7 도안을 참고 하여 짧은뜨기 2코 모아뜨기를 다 한 상태입니다.

8 실을 길게 여유 있게 남겨두고 가위로 자릅니다.

9 자르고 남은 실을 코에서 빼낸 후 실 끝을 돗바늘에 끼웁니다.

10 단추를 넣고 위쪽의 코 사이로 돗바늘을 넣어 홈질을 합니다.

11 홈질을 다 했으면 실을 잡아당겨 끝을 오므려줍니다.

12 오므려진 편물 위로 바늘을 십자가처럼 왔다갔다 한 후 매듭을 짓습니다.

13 단추싸개가 완성되었습니다.

50 방울 만들기

▶ 동영상 50

1 택배박스를 'ㄷ'자 모양으로 자릅니다. 박스가 아니어도 단단한 종이를 사용하면 됩니다.

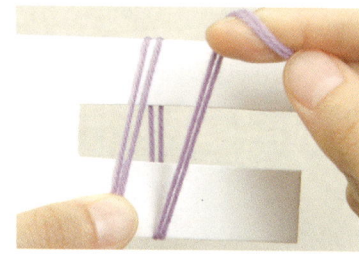

2 종이에 실을 감아주는데, 실이 얇을 경우에는 2겹으로 감습니다.

3 실을 도톰하게 감아야 방울이 풍성하므로 원하는 방울 크기만큼 실을 감고 자릅니다.

4 20~30cm 정도의 실을 반으로 접어 사진과 같이 넣어줍니다.

5 앞으로 실을 가지고 와서 2개의 실을 단단하게 묶어 매듭을 합니다.

6 묶은 실을 자르지 않은 상태에서 종이를 뺍니다.

7 위쪽에 접혀진 부분의 실 사이에 가위를 넣어 자릅니다. 안쪽까지 다 자릅니다.

8 반대쪽도 같은 방법으로 자른 후 자른 실들을 동그랗게 다듬어 정리합니다.

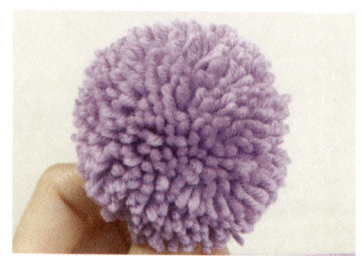

9 방울이 완성되었습니다.
※ 남은 실은 자르지 않고 그냥 뒀다가 연결할 때 사용합니다.

✲ Tip / 방울 만들기(폼폼메이커 이용)

❶ 방울 만드는 도구인 폼폼메이커로 방울을 만들어보겠습니다.

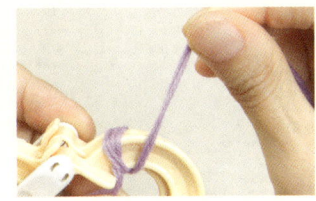

❷ 폼폼메이커 날개를 열어 털실이 풀리지 않게 손으로 고정하고 날개에 실을 감아줍니다.

❸ 날개 전체에 고루고루 꼼꼼히 실을 감아줍니다.

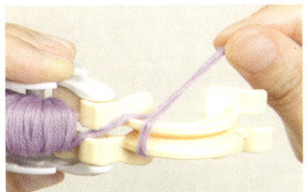

❹ 반대쪽 날개도 열어 연결하여 같은 방법으로 실을 감아줍니다.
※ 양쪽에 같은 양의 실을 감아주세요!

❺ 양쪽 모두 실을 다 감았으면 날개를 닫고 남은 실을 자릅니다.

❻ 감은 실 가운데로 가위를 넣어 잘라줍니다.
※ 자를 때 절대 날개를 열지 마세요!

❼ 양쪽 모두 실 가운데를 다 자른 모양입니다.

❽ 폼폼메이커 가운데에 실을 넣어 단단하게 매듭을 합니다.

❾ 양쪽 날개를 열어 폼폼메이커에서 방울을 빼냅니다.

❿ 가위로 동그란 모양을 만들며 실을 정리합니다.

Chapter 05
응용 작품 만들기

06 체크 모던 수세미

- **난이도**
  ★☆☆☆☆

- **준비물**
  매직수세미 색상별 1볼씩, 총 3볼
  코바늘 6호
  돗바늘

- **완성 크기**
  12cm×12cm

- **뜨개 기법**
  ○   사슬뜨기
  ●   빼뜨기
  ┬   1길 긴뜨기

How to make...

1 사슬 21코를 느슨하게 만들어 시작합니다.

2 사슬코 반코에 1길 긴뜨기를 3코씩 배색하며 떠주고, 한쪽 방향으로 돌아가며 다시 사슬코 반코에 계속해서 이어 떠줍니다.

3 도안을 참고하여 색을 배색하여 9단을 떠줍니다.

4 벌어져 있는 윗부분을 돗바늘로 감침질 하여 꿰매줍니다.

5 실 정리를 하고 완성해줍니다.

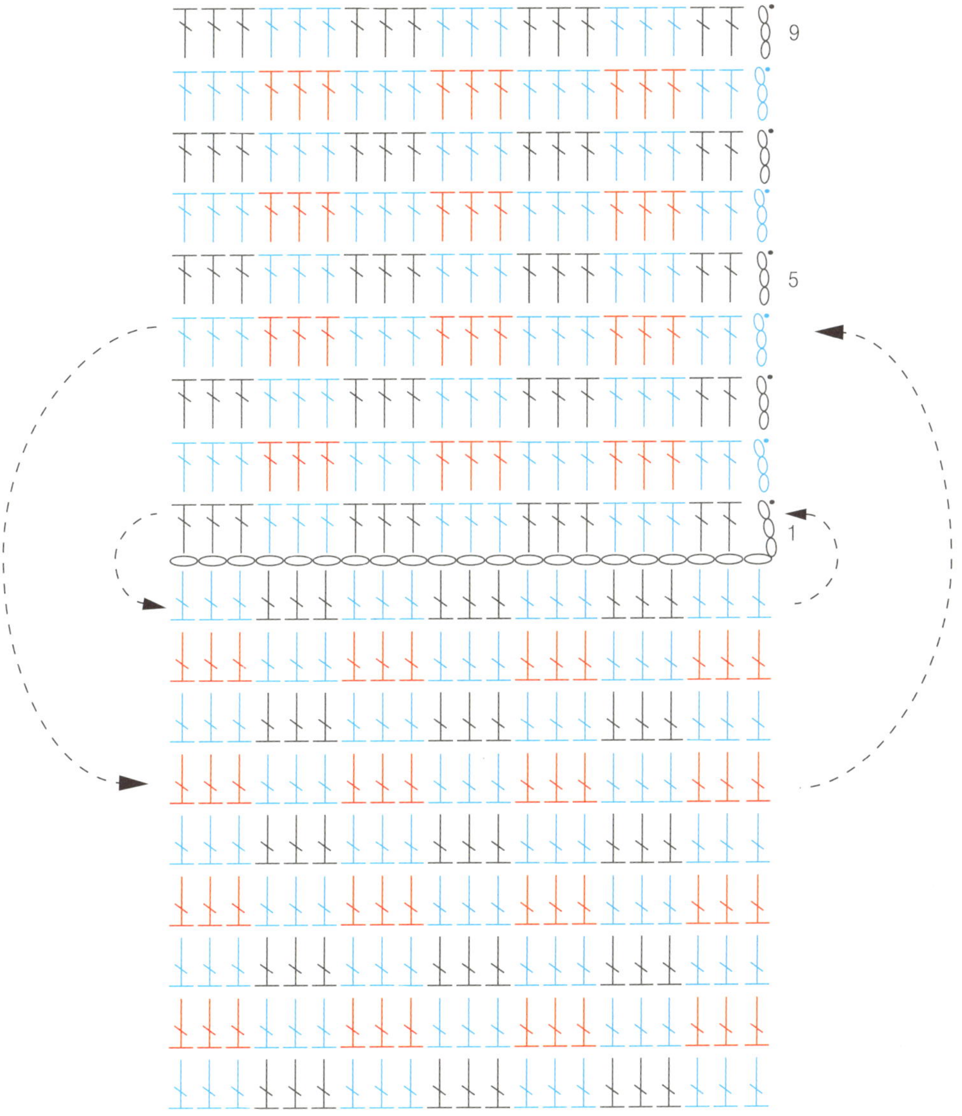

※ **Tip** 느슨하게 떠줍니다.
3가지 실이 서로 꼬이지 않도록 주의합니다.

07 벚꽃 수세미

- **난이도**
  ★★☆☆☆

- **준비물**
  삼성고급수세미(약 80g) 총 3볼, 연핑크(105번)
  라임옐로우(116번), 진인디핑크(120번)
  모사용 5호 코바늘

- **완성 크기**
  지름 13cm

- **뜨개 기법**

○	사슬뜨기		솔잎뜨기
●	빼뜨기		실로 원형코 만들기
+(X)	짧은뜨기		
T	1길 긴뜨기		
V	1길 긴뜨기 1코 늘려뜨기		
A	1길 긴뜨기 2코 모아뜨기		

How to make...

1. 1번 색으로 원형 코 안에 짧은뜨기 10코를 뜹니다.

2. 빼뜨기로 위치를 옮기며 꽃무늬 5개(1, 3, 5, 7, 9코)를 뜹니다. (실은 끊지 않습니다.)

3. 2번 색으로 바꿔서 꽃의 사이사이(2, 4, 6, 8, 10코)에 잎을 뜨고, 사슬 3코는 2단의 꽃 뒷면에 겹치게 뜹니다.

4. 3번 색을 걸어서 6단까지 뜨고

5. 7단에서 3번 색과 1번 색을 배색하며 뜹니다.

6. 8~13단은 1번 색으로 코줄임을 하며 뜨고 남은 5코는 오므립니다.

▽ : 실 달기(새로 시작)
▼ : 실 자르기(끝나는 부분)

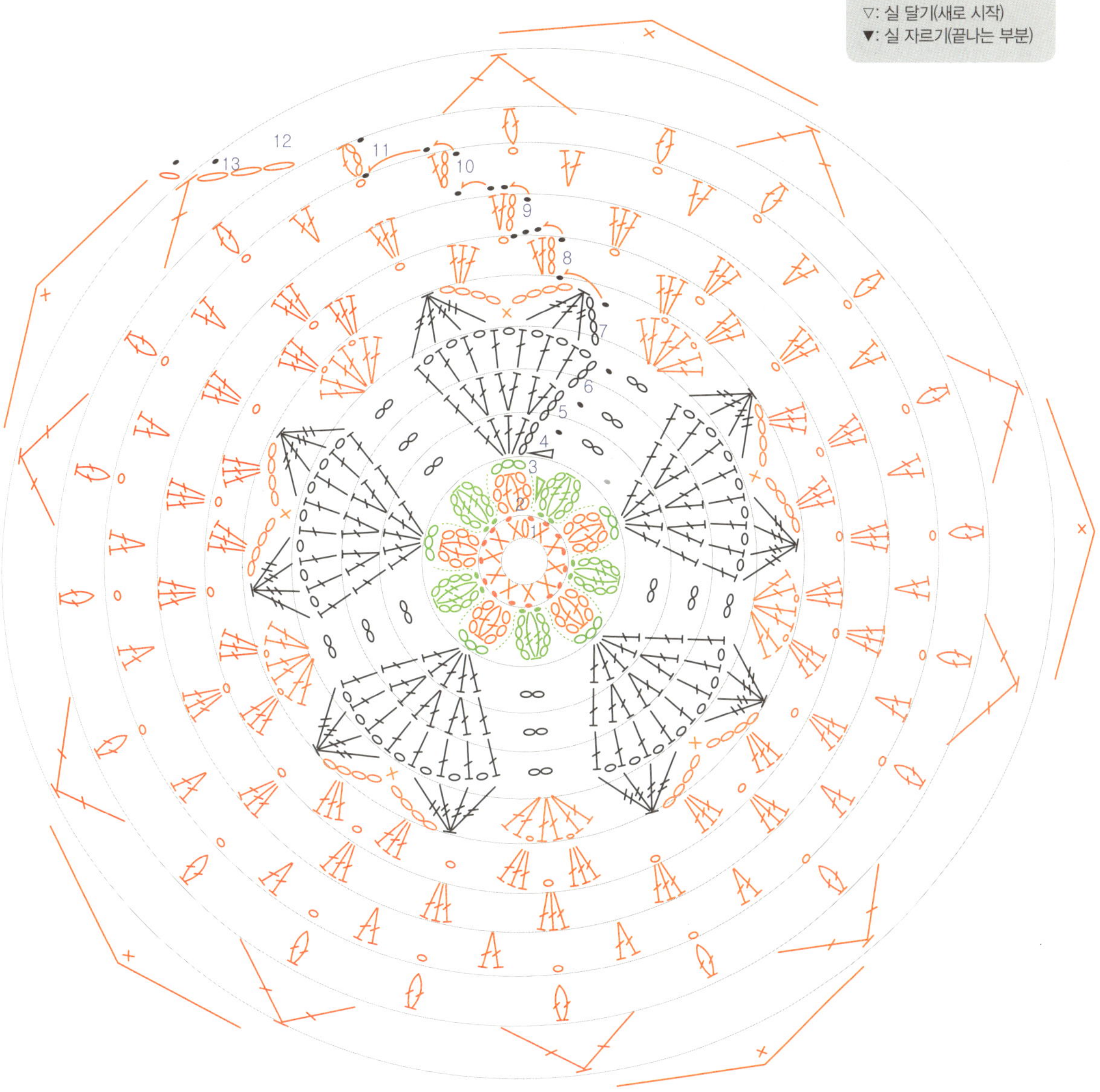

07 벚꽃 수세미

08 어텀 블랭킷(Autumn blanket)

- **난이도**
  ★★★★☆

- **준비물**
  메종/아이보리 3볼, 그레이베이지 4볼
  자몽오렌지, 머스타드, 카키그린, 데님블루,
  연청회색, 다크와인, 다크그린, 카멜브라운
  각 1볼, 모사용 코바늘 6호

- **완성 크기**
  99cm×83cm

- **뜨개 기법**

기호	이름
○	사슬뜨기
+(×)	짧은뜨기
●	빼뜨기
╪	1길 긴뜨기
┬	긴뜨기
♠	1길 긴뜨기 5코 구슬뜨기
╪	2길긴뜨기와 짧은뜨기 모아뜨기

How to make...

1 모사용 코바늘 6호로 그림의 색상을 참고로 육각형의 모티브 64개와 반 무늬 모티브 8개를 만듭니다.

2 모티브의 뒷면에서 짧은뜨기로 연결합니다.

3 모티브를 모두 연결하였으면 테두리를 뜹니다.

테두리

09 그레이프 바인 블랭킷

- 난이도
  ★★★★★

- 준비물
  빈티지 연인디핑크(109) 16볼
  모사용 코바늘 7호

- 완성 크기
  112cm×96cm

- 뜨개 기법

  ○ 사슬뜨기
  +(X) 짧은뜨기
  ● 빼뜨기
  ⊤ 1길 긴뜨기
  ⌇ 1길 긴뜨기 앞걸어 뜨기

  ✕ 2길 긴뜨기 앞걸어뜨기 교차뜨기
  ▽ 1길 긴뜨기 5코 팝콘뜨기
  ⴲ 1길 긴뜨기 3코 앞 걸어뜨기

How to make...

1 모사용 코바늘 7호를 사용하여 사슬코 165코를 만듭니다.

2 A 무늬로 시작하고 B 무늬로 마무리하여 무늬 순서 도안을 참고로 뜹니다.

3 무늬가 모두 완성이 되면 테두리를 2단 뜹니다.

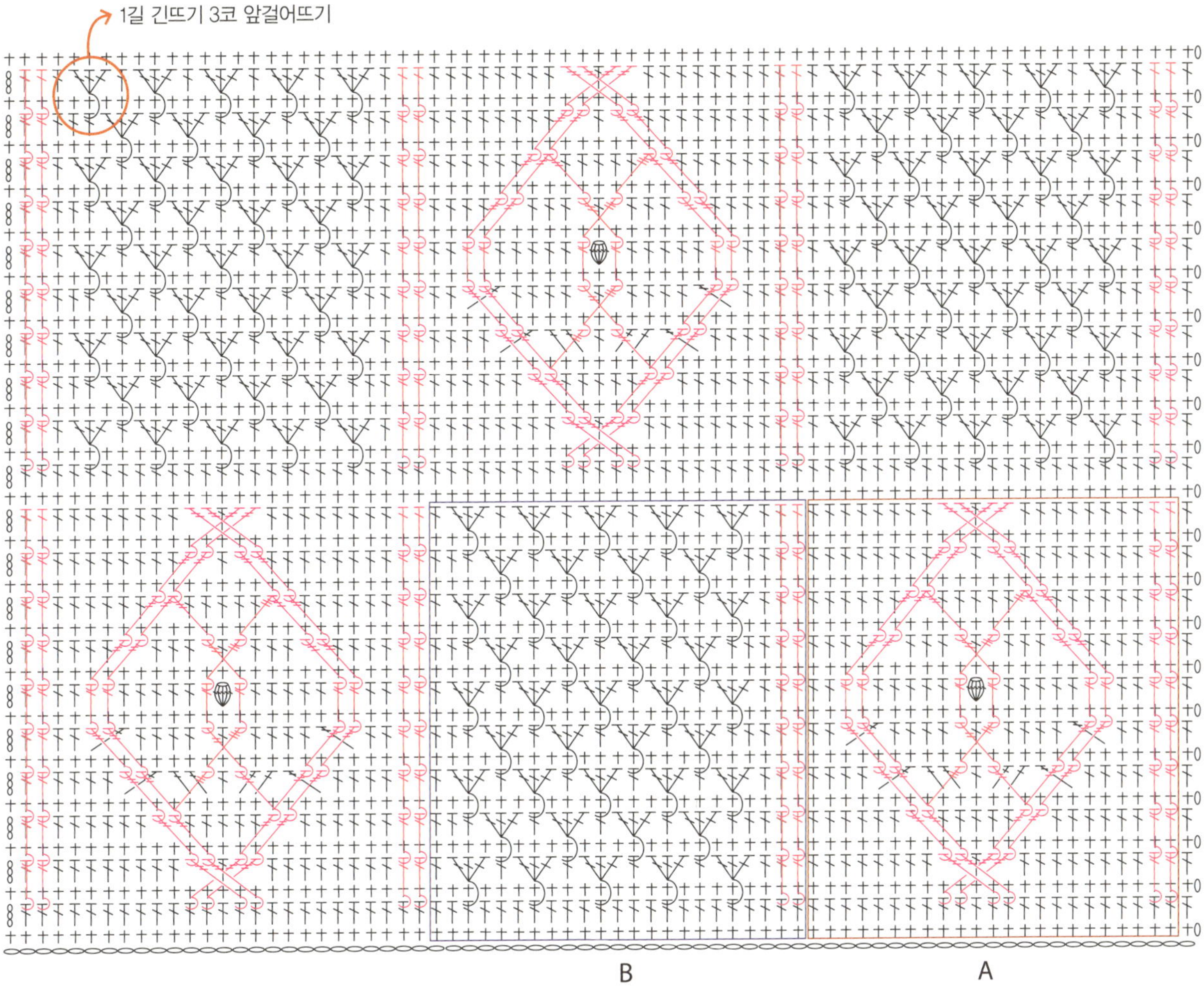

1길 긴뜨기 3코 앞걸어뜨기

B A

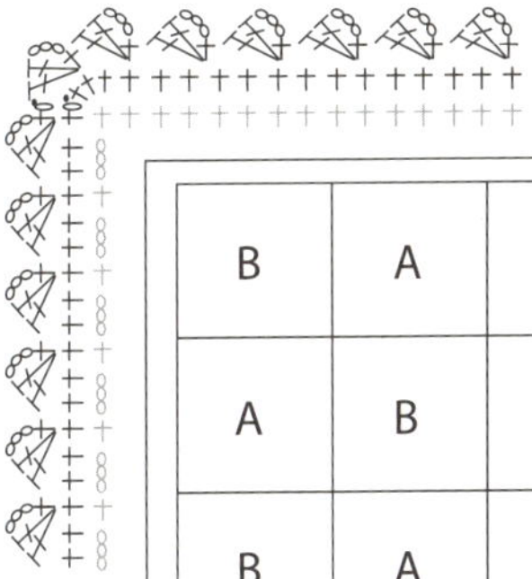

테두리

B	A	B	A	B	A	B
A	B	A	B	A	B	A
B	A	B	A	B	A	B
A	B	A	B	A	B	A
B	A	B	A	B	A	B
A	B	A	B	A	B	A

무늬 순서

09 그레이프 바인 블랭킷

10 가을 향기 북마크

- 난이도
  ★★☆☆☆

- 준비물
  티파니 1볼
  코바늘 2/0호
  금속 책갈피, O링

- 완성 크기
  5~7cm

- 뜨개 기법

  ● 빼뜨기

  ○ 사슬뜨기

  +(X) 짧은뜨기

  T 긴뜨기

  ᵀ 1길 긴뜨기

  ᵀ 2길 긴뜨기

  ⊕ 피코 빼뜨기

❋ How to make...

각각의 단풍잎들을 만들어 실 정리를 해주고 스팀 다림질로 모양을 잡아 펴줍니다.
실 정리는 올풀림 방지액을 사용하면 깔끔하게 마무리 할 수 있습니다.
책갈피 끝에 O 링 고리를 연결해 달아줍니다.
※ 약간 쫀쫀하게 떠야 예쁜 단풍잎 모양을 만들 수 있습니다. *

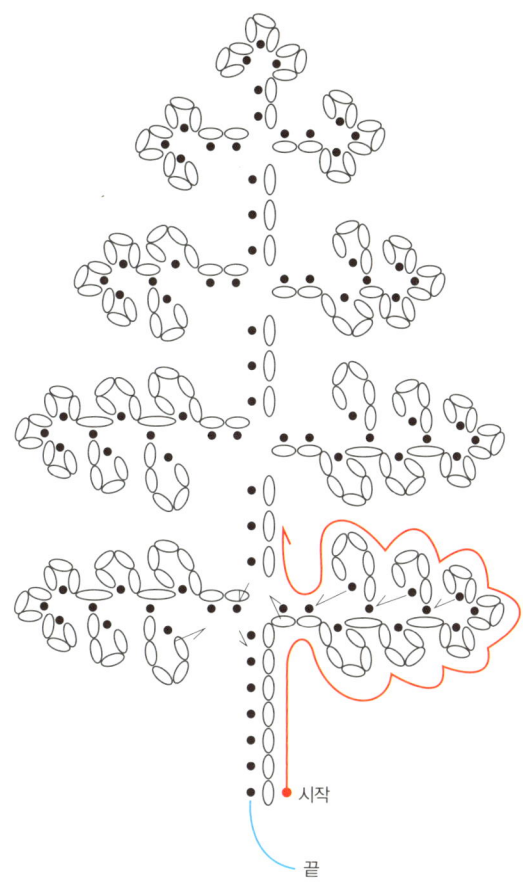

사슬뜨기를 하고 잎사귀를 순서대로 떠줍니다.

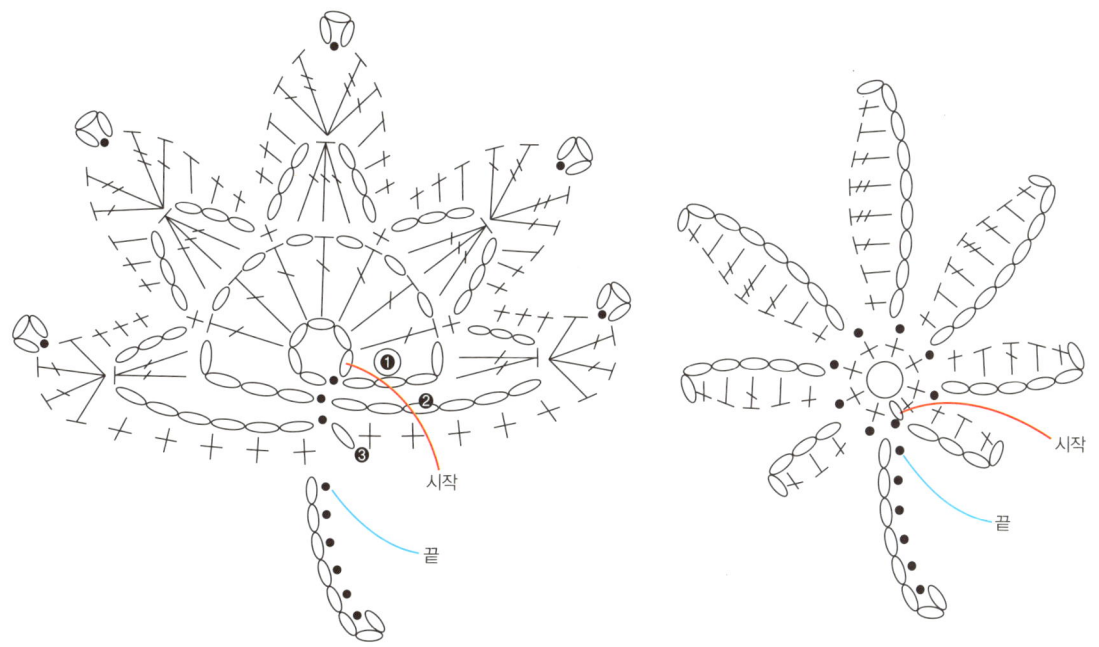

사슬뜨기 6코로 고리를 만들어 시작합니다.
한쪽 방향으로 돌아가며 떠줍니다.

고리를 만들어 짧은뜨기 8코로 시작합니다.

10 가을 향기 북마크

11 가을정원 티코스터

- **난이도**
  ★★★☆☆

- **준비물**
  램스울빈티지
  색상별 1볼씩 총 2볼
  모사용 5호 코바늘

- **완성 크기**
  지름 11cm

- **뜨개 기법**
  ○ 사슬뜨기
  ● 빼뜨기
  T 긴뜨기
  ₸ 1길 긴뜨기
  V 1길 긴뜨기
  　 1코 늘려뜨기
  ✺ 실로 원형코 만들기

✽ How to make...

1. 원형코 안에 1길 긴뜨기 1코, 사슬 1코를 12개 만듭니다.
2. 도안대로 코늘림을 하며 3단까지 뜹니다. (사이의 사슬코에 코늘림을 합니다.)
3. 배색실로 바꿔서 4단을 뜹니다.
4. 프릴을 만듭니다. (파란색 기호 표시)
5. 실 정리를 합니다.

▽ : 실 달기(새로 시작)
▼ : 실 자르기(끝나는 부분)

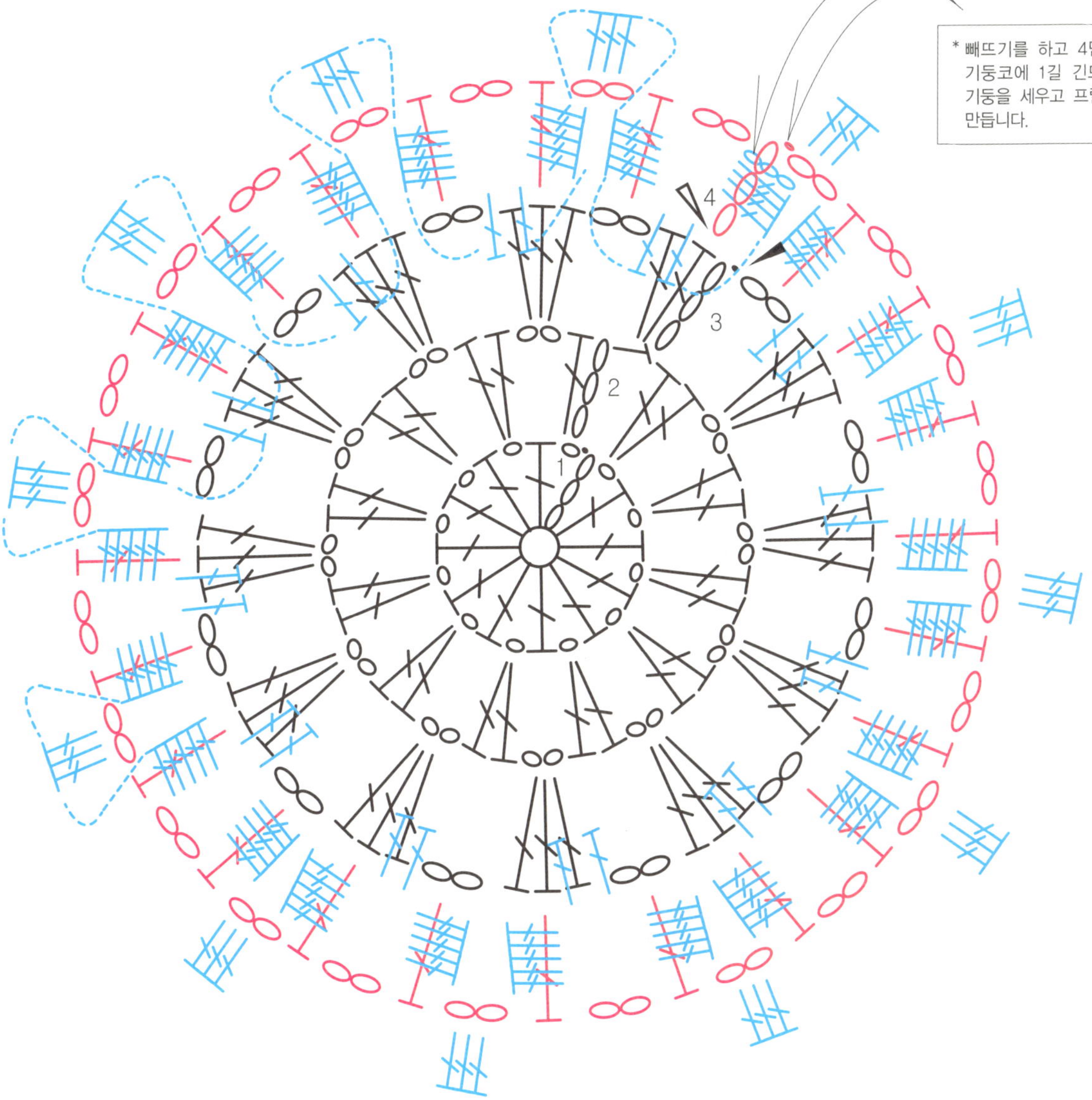

* 빼뜨기를 하고 4단의 기둥코에 1길 긴뜨기 기둥을 세우고 프릴을 만듭니다.

11 가을정원 티코스터

12 짚시 원형 바스켓

- 난이도
  ★★★☆☆

- 준비물
  짚시 2팩
  코바늘 5호, 돗바늘
  가방판, 라벨

- 완성 크기
  7cm, 11cm, 14cm

- 뜨개 기법

  ○   사슬뜨기

  ●   빼뜨기

  +(✕)   짧은뜨기

  ⊻   짧은뜨기 1코 늘려뜨기

  ꝉ   1길 긴뜨기 뒤걸어 뜨기

  ㅓ   변형 짧은뜨기

How to make...

1. 5호 코바늘로 고리를 만들어 짧은뜨기 7코를 떠줍니다.
2. 도안을 참고하여 바구니를 떠주고 반으로 접어 모양을 만들어 줍니다.
3. 바구니 바닥 2를 6, 9, 11단으로 만들어 줍니다.
4. 바구니 바닥과 바구니 바닥 2 사이에 가방판을 넣어 감침질로 꿰매줍니다.
5. 다음은 바구니 뚜껑 2를 만들어 둡니다.
6. 바구니 뚜껑을 만들면서 8단, 11단, 14단째는 바구니 뚜껑 2와 함께 떠줍니다.

바닥 6단

1단. 고리 만들어 +7
2. ∨7
3. (+1, ∨1)×7
4. (+2, ∨1)×7
5. (+3, ∨1)×7
6. (+2, ∨1, +2)×7

뚜껑 상판 7단

1단. 고리 만들어 +7
2. ∨7
3. (+1, ∨1)×7
4. (+2, ∨1)×7
5. (+3, ∨1)×7
6. (+2, ∨1, +2)×7
7. (+2, ∨1, +3)×7

옆면 22단

7. (┼13, 1코 뜨지 않고 건너띄기)×3
8. +39
9~28. (┼1, +1) 무늬뜨기 끝까지 반복

바구니 뚜껑 상판 1과 함께

8. 바구니 뚜껑 상판 1과 함께 +
9. +49
10~13. (┼1, +1) 무늬뜨기 끝까지 반복

	바구니	바닥2	상판1	뚜껑
소	바닥1(6단까지 늘리기_총 42코) 옆면(3코 줄이고 무늬뜨기_접었을 때 약 5cm)	(6단까지 늘리기_총 42코)	(6단까지 늘리기_총 42코)	상판2 : (7단까지 늘리기_총 49코) 옆면 : (1단 같이 뜨고, 1단 짧은뜨기, 4단 무늬뜨기)
중	바닥1(9단까지 늘리기_총 63코) 옆면(2코 줄이고 무늬뜨기_접었을 때 약 6.5cm)	(9단까지 늘리기_총 63코)	(9단까지 늘리기_총 63코)	상판2 : (11단까지 늘리기_총 77코) 옆면 : (1단 같이 뜨고, 1단 짧은뜨기, 4단 무늬뜨기)
소	바닥1(12단까지 늘리기_총 84코) 옆면(3코 줄이고 무늬뜨기_접었을 때 약 8cm)	(12단까지 늘리기_총 84코)	(12단까지 늘리기_총 84코)	상판2 : (14단까지 늘리기, 1코 추가로 늘리기_총 99코) 옆면 : (1단 같이 뜨고, 1단 짧은뜨기, 5단 무늬뜨기)

┼ 변형 짧은뜨기 뜨는 법

1 짧은뜨기의 밑단에 바늘을 넣어줍니다.
2 실을 걸어 빼준 후 함께 떠줍니다.

  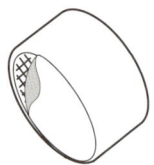

1 바구니를 만들어 줍니다.

2 안으로 반 접어 주고 바닥2와, 가방 심지를 크기에 맞게 오려 준비해 둡니다.

3 가방 심지를 사이에 넣고 바닥 2를 밑바닥에 감침질 하여 꿰매줍니다.

 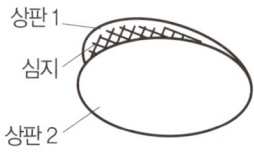 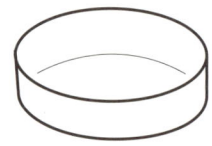

4 상판1과 심지를 준비해 둡니다.

5 뚜껑의 상판 2를 뜨면서 심지를 넣고 상판 1을 겹쳐 짧은뜨기 1단을 함께 떠줍니다.

6 무늬뜨기를 떠서 뚜껑 옆면을 만들어 줍니다.

13 트윙클 미니 트리

- 난이도
  ★★★☆☆

- 준비물
  오슬로 울(약 70g) 85991번 1볼
  허니미니(104번) 1볼
  메탈릭펄(실버) - 1볼
  골드원형비즈(3mm)
  5호 모사용 코바늘, 돗바늘, 글루건

- 완성 크기
  10×15cm

- 뜨개 기법

○	사슬뜨기
+(X)	짧은뜨기
ᐁ	짧은뜨기 1코 늘려뜨기
●	빼뜨기
T	1길 긴뜨기
V	1길 긴뜨기 1코 늘려뜨기

How to make...

1. 사슬 42코를 만듭니다.

2. 원형으로 짧은뜨기를 3단 합니다.

3. 1길 긴뜨기를 도안대로 배치합니다. (6코가 한무늬)

4. 1길 긴뜨기 기둥(V자)에 6코씩 비늘 무늬를 하고 중간 사슬 3코를 합니다. (다음 무늬는 1길 긴뜨기(비늘)를 5코씩 합니다.)

5. 무늬를 하고 다음 단의 짧은뜨기 콧수를 주의합니다. (표 참조)

6. 비늘 무늬를 차례로 줄여가며 뜹니다.

7. 짧은뜨기를 모아뜨기하며 코를 줄입니다.

8 남은 코는 한꺼번에 오므립니다.

9 은사로 테두리를 빼뜨기합니다.

10 비즈를 글루로 붙입니다.

11 별을 만들어 답니다.

별

무늬 확대 모습

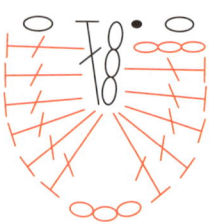

원형코 안에 도안대로 모양을 만듭니다.(2개)
실을 여유 있게 잘라서 2개를 맞대고 돗바늘로 이어주는데
전부 잇지 말고 트리에 끼우는 구멍을 남기고 잇습니다.

단수	콧수
1~3단	42코
6단	36코
9단	30코
12단	4코
15단	18코

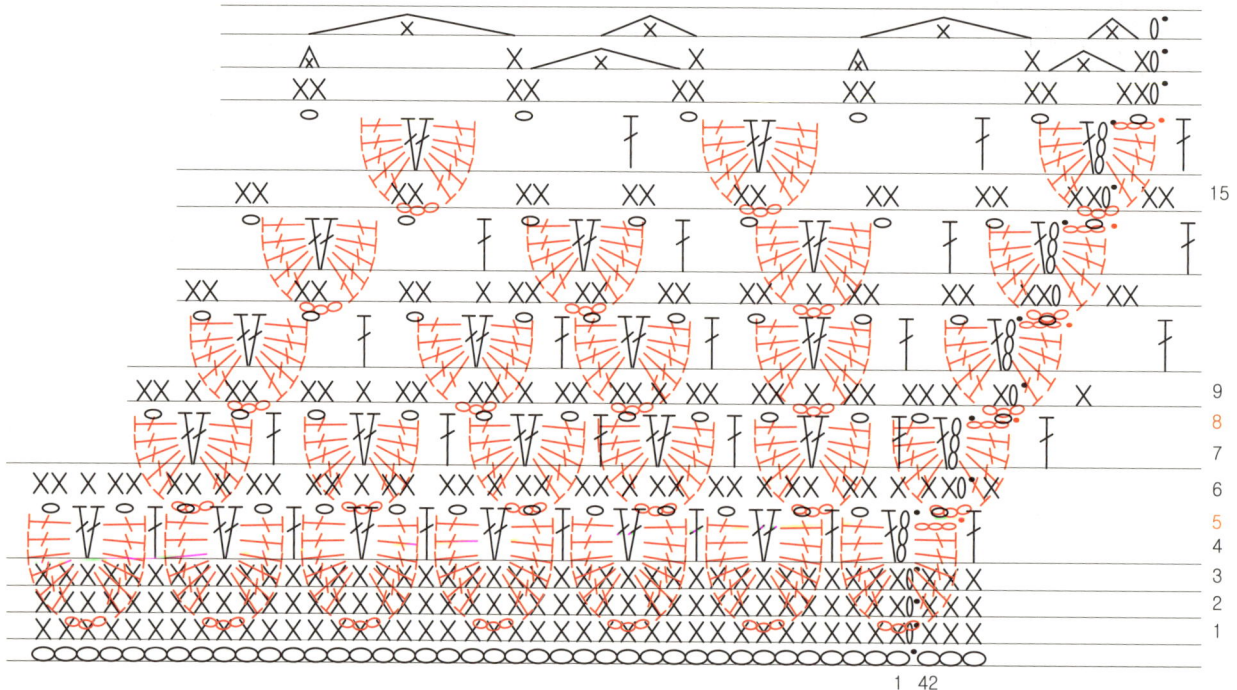

14 애플러레스 쿠션

- **난이도**
  ★★★☆☆

- **준비물**
  모어/ 흰색(1) 3볼, 핫핑크(7) 1볼, 초록(11) 1볼
  모사용 코바늘 3호, 쿠션솜

- **완성 크기**
  40×40cm

- **뜨개 기법**

  ○ 사슬뜨기

  ╋(╳) 짧은뜨기

  ● 빼뜨기

  ╤ 1길 긴뜨기

  ◈ 1길 긴뜨기 3코 구슬뜨기

How to make...

1. 모티브 18개를 뜹니다.
2. 각각의 모티브 9개를 짧은뜨기(3×3)로 연결하여 앞, 뒤 두 장을 만듭니다.
3. 2장을 안끼리 마주대고 겉면에서 테두리 도안대로 뜹니다.
   모서리 네 면을 모두 연결하기 전 한 면만 남았을 때 솜을 넣고 나머지 부분도 연결합니다.

모티브

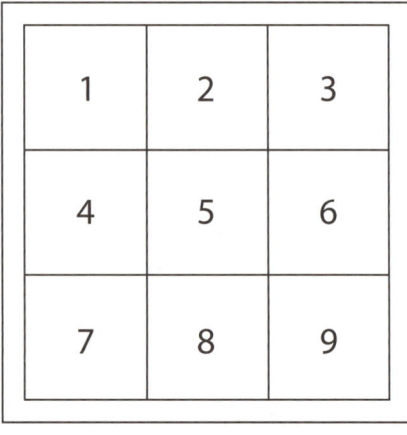

40cm(모티브 9개)

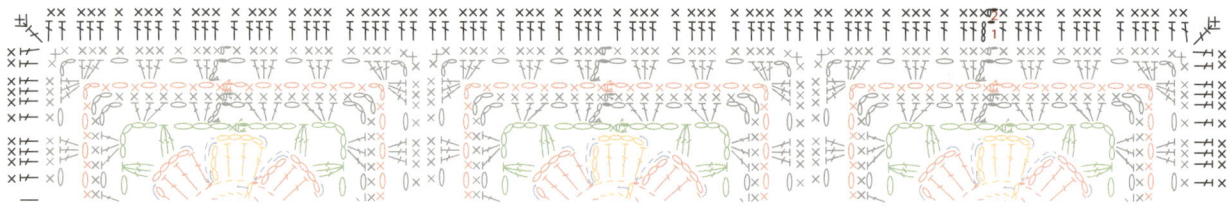

모티브 연결 테투리

15 애나벨 코튼 발란스

- 난이도
  ★★★☆☆

- 준비물
  동방 콘면사 18합
  코바늘 4/0호
  돗바늘

- 완성 크기
  모티브 1개 35×35cm

- 뜨개 기법
  ○ 사슬뜨기
  ✚(✕) 짧은뜨기
  ┳ 1길 긴뜨기
  ● 빼뜨기
  ⦶ 피코 빼뜨기

How to make...

1 사슬코 61코를 잡아 도안과 같이 떠줍니다.
   첫 번째 단은 기둥코 후 (짧은뜨기 1, 사슬뜨기 3, 피코빼뜨기 1, 사슬뜨기 1, 피코빼뜨기 1, 사슬뜨기 3코) 반복
   두 번째 단은 사슬뜨기 8코 후 (짧은뜨기 1, 피코빼뜨기 1, 사슬뜨기 3, 피코빼뜨기 1, 사슬뜨기 1, 피코빼뜨기 1, 사슬뜨기 3코) 반복

2 무늬에 맞춰 뜨다가 코를 줄여가며 뜨고 실을 자른 후 다시 테두리를 떠줍니다.

3 2번째 모티브부터는 마지막 테두리를 뜰 때 모티브를 이어주며 떠줍니다.

4 창문 크기에 맞게 모티브를 이어 떠줍니다.(최대 9개 정도 나옵니다. 윗단과 커튼봉 고리를 뜰 수 있는 양은 남아야 합니다.)

5 윗단을 짧은뜨기 3단과 1길 긴뜨기/사슬뜨기 1단, 짧은뜨기 3단을 떠줍니다.

6 봉걸이를 8단씩 떠주고 반을 접어 돗바늘을 사용하여 감침질로 이어줍니다.

7 실을 정리하고 스팀 다림질을 하여 모양을 잘 잡아줍니다.

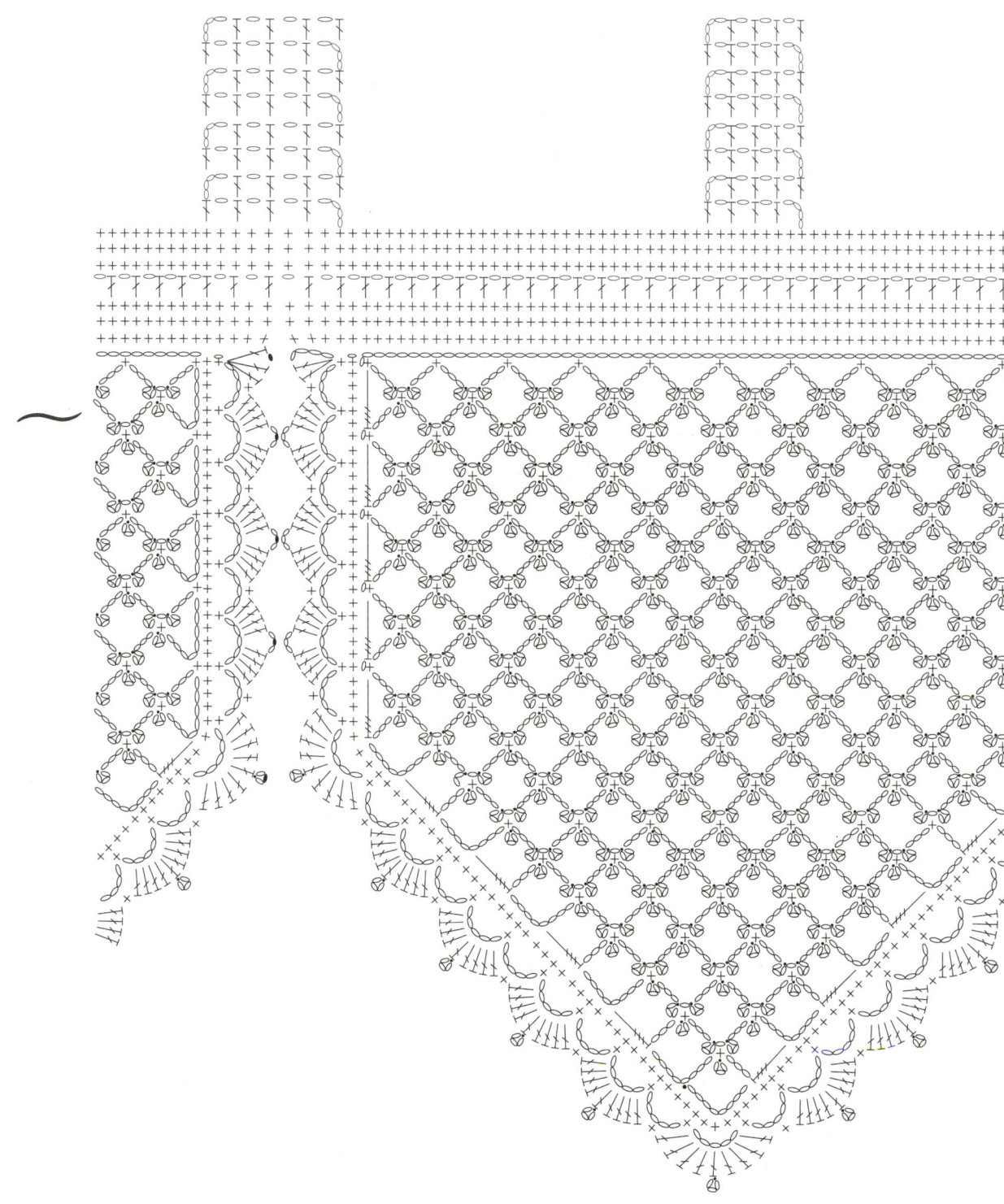

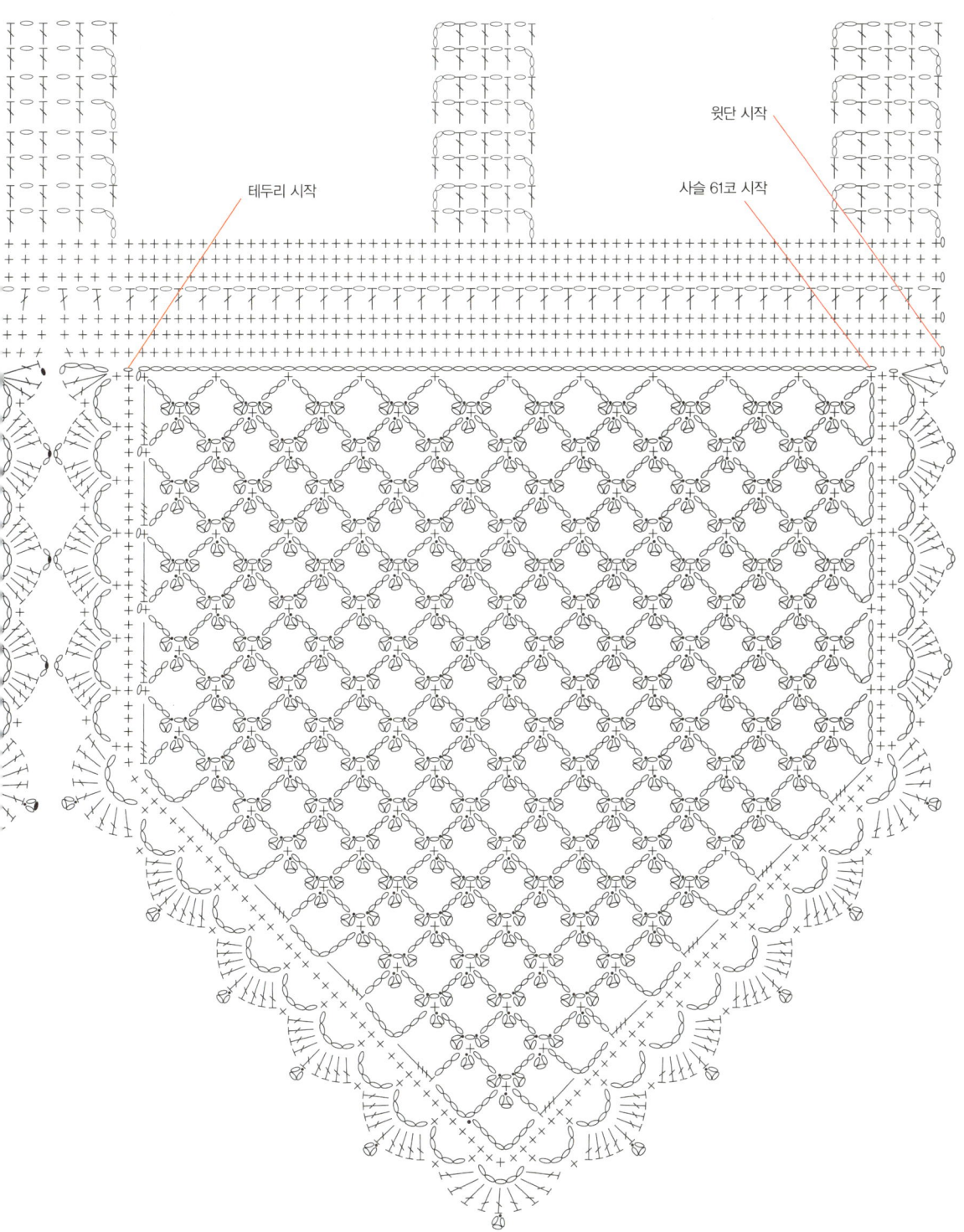

16 도란도란 쿠션&테이블 매트

- **난이도**
  ★★★★☆

- **준비물**
  허니/연핑크(108), 라임연두(113), 와인(145),
  민트그린(143), 진청회색(142) 각 1볼
  아이보리(111) 2볼, 모사용 코바늘 5호,
  나무단추 5개(1.8cm), 쿠션솜

- **완성 크기**
  폭 32cm, 높이 5cm

- **뜨개 기법**

  ○ 사슬뜨기

  ╋(X) 짧은뜨기

  ● 빼뜨기

  ┬ 1길 긴뜨기

  ⋔ 긴뜨기 5코 구슬뜨기

⁕ How to make…

도란도란 쿠션 만들기

1. 모사용 코바늘 5호로 도안 앞면과 뒷면을 실의 색을 바꾸어 가며 각각 뜹니다.

2. 떠놓은 앞면의 옆면이 되는 부분을 진청회색으로 짧은뜨기 3단, 와인색으로 2단을 뜬 후 3단째 단춧구멍을 만듭니다. 단춧구멍은 짧은뜨기 11코 사슬2코가 1세트이며 5세트를 만듭니다.

3. 뒤 옆면도 진청회색으로 3단을 뜹니다. 실을 끊지 않은 상태에서 앞면과 연결해 줍니다. 이때 편물의 겉과 겉끼리 마주대로 안쪽에서 짧은뜨기로 이어줍니다.(80코)

단춧구멍의 양끝을 기준으로 각각 짧은뜨기 12번째 코부터 붙여주며 뜨는 진행 방향은 반대가 됩니다. (이때 앞면은 코의 안쪽가닥을 이랑 짧은뜨기로 뒷면은 코의 겉가닥을 이랑 짧은뜨기로 뜨면 다음 단을 뜰 때 좀 더 편하게 뜰 수 있습니다.)

4 앞뒤가 연결되면 뒷면의 옆을 와인색으로 3단을 더 뜹니다. 3단째는 오픈된 부분만 뜹니다.(80코)

5 위의 옆면에 진청회색을 연결하여 마무리로 짧은뜨기 1단을 뜹니다.

6 단추를 달고 쿠션솜을 넣어줍니다.

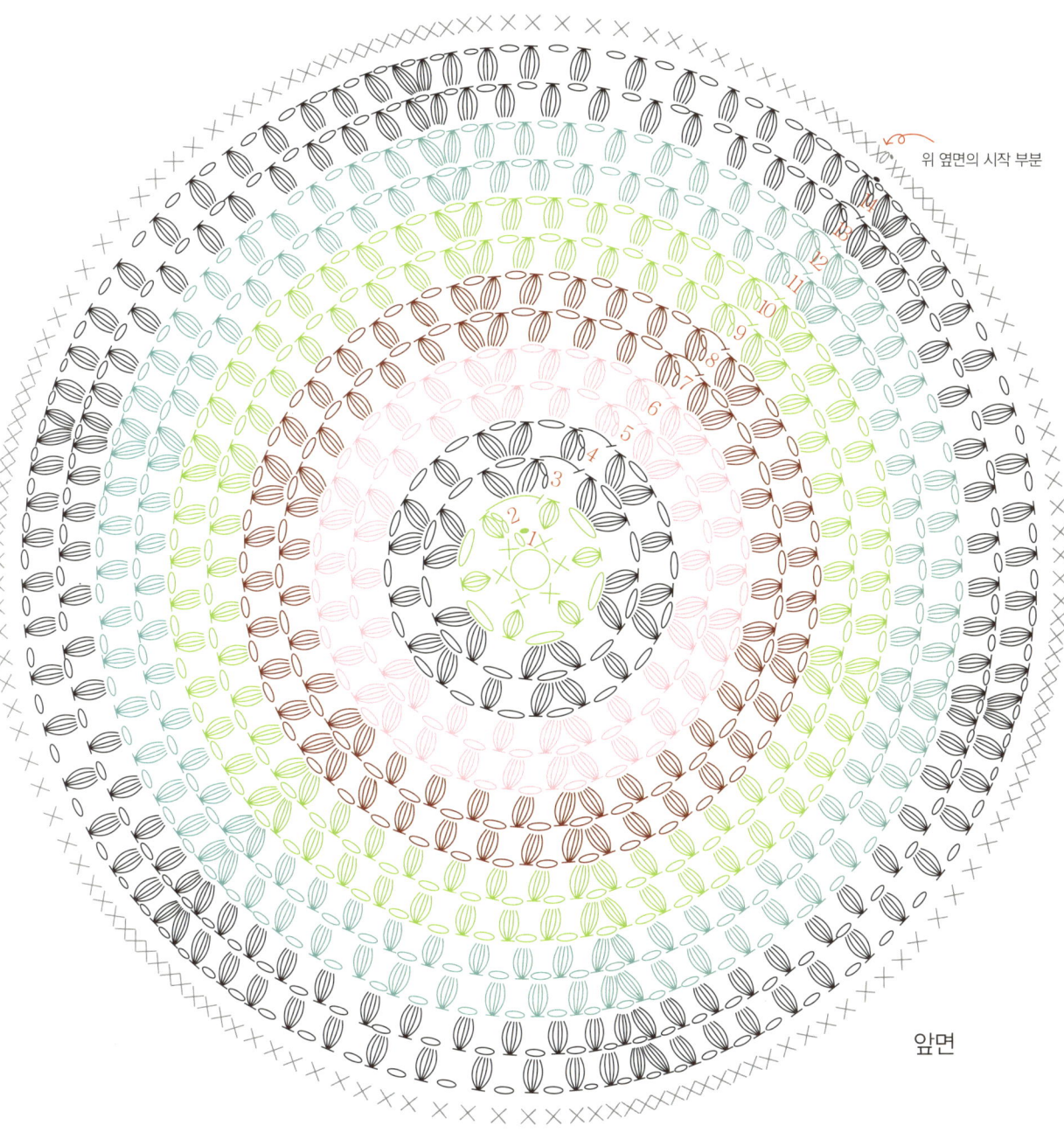

위 옆면의 시작 부분

앞면

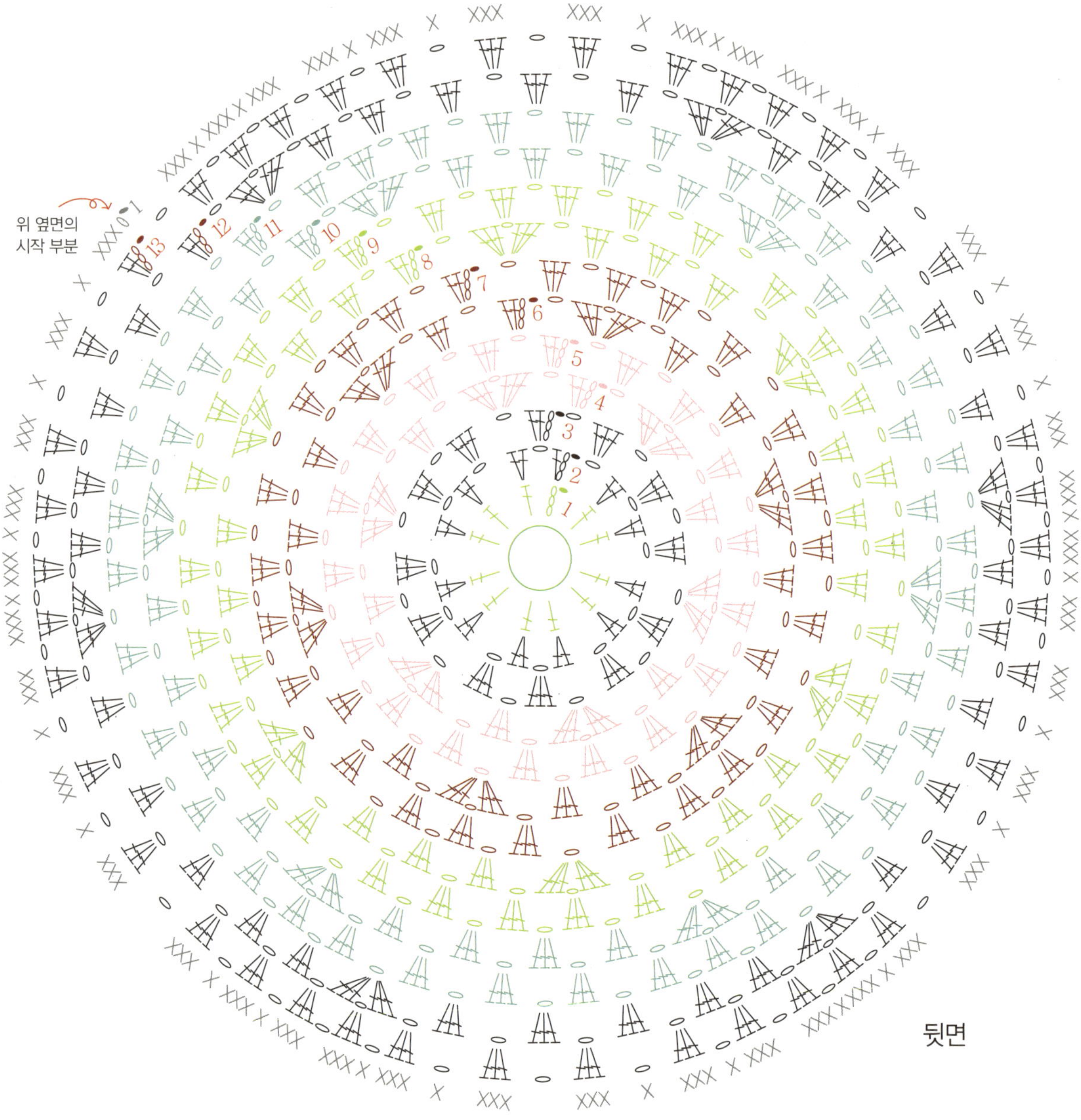

위 옆면의
시작 부분

뒷면

앞 옆면 ↓

마무리 1단

옆면 안쪽으로
들어가는 부분

뒤 옆면 ↑

옆면의 잇는 부분 →

★ 80코   ● 76코

옆면

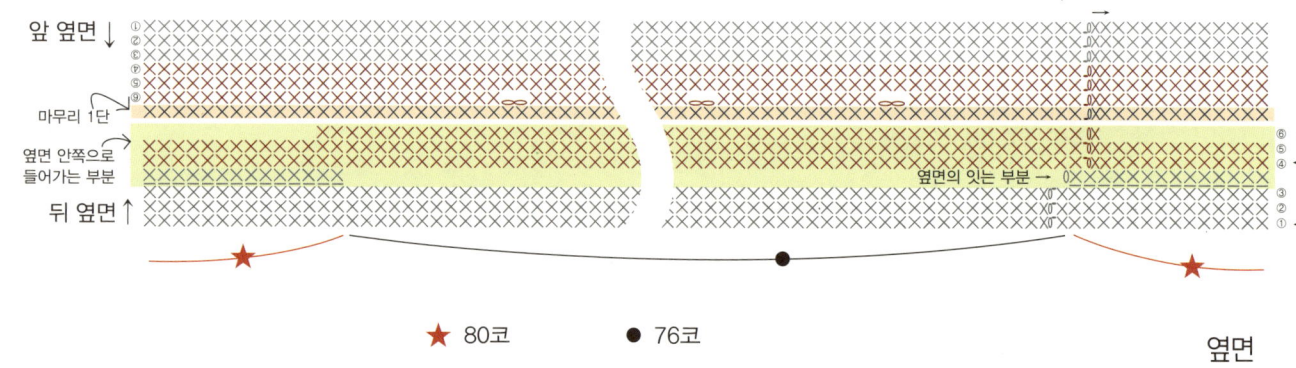

178 Chapter 05 응용 작품 만들기

도란도란 테이블매트, 티매트 만들기

- **난이도**
  ★★★☆☆

- **준비물**
  허니/연핑크(108), 라임연두(113), 와인(145), 민트그린(143), 진청회색(142) 각 1볼
  아이보리(111) 2볼, 모사용 코바늘 5호

- **완성 크기**
  38cm×20cm

- **뜨개 기법**

  ○   사슬뜨기

  ＋(X) 짧은뜨기

  ●   빼뜨기

  ╪   1길 긴뜨기

  ⬥   2길 긴뜨기 3코 구슬뜨기

  ⋎   짧은뜨기 2코 뜨기

How to make...

1. 티 매트는 모티브 한 개를 6단까지 뜨면 됩니다. 테이블 매트를 뜨고 남은 자투리 실을 활용합니다.

11cm

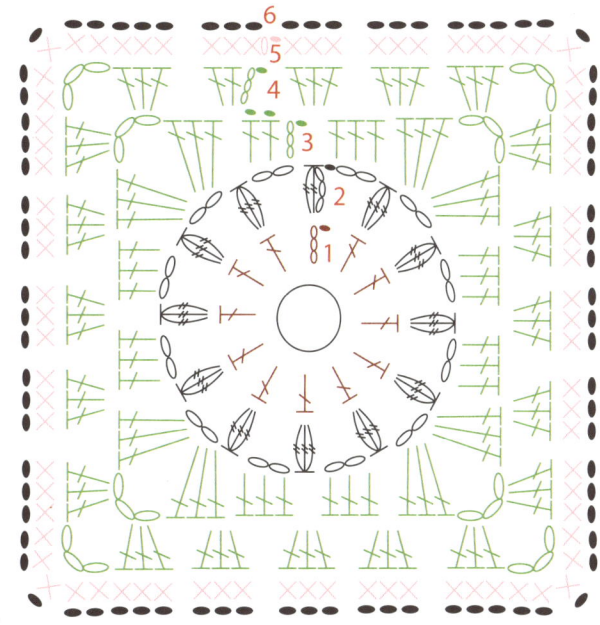

티 매트

2 테이블 매트는 모티브 4단까지 8개를 떠서 뒷면에서 짧은뜨기를 이용해 모티브 잇기를 한 후 짧은뜨기 2단, 빼드기 1단을 뜹니다. (39cm×21cm)

16 도란도란 쿠션&테이블 매트

17 룩스울 버킷 햇

- 난이도
★★★☆☆

- 준비물
룩스울 4볼, 코바늘 5/0호

- 완성 크기
머리둘레 57cm

- 뜨개 기법

   실로 원형코 만들기

  ○ 사슬뜨기

  +(×) 짧은뜨기

  ⱱ 짧은뜨기 1코 늘려뜨기

  ⤬ 되돌아 짧은뜨기

※ *Tip*
부드러운 곡선을 만들기 위해 규칙적으로 코가 늘어나지 않습니다. 시작 부분에 표시를 해두면 콧수 세기가 편해집니다.

※ How to make...

1 5호 코바늘을 사용하여 원형 코에 짧은뜨기를 6코 만듭니다.

2 빼뜨기 없이 표를 참고하여 코늘림을 하며 22단까지 뜹니다.

3 평뜨기로 16단 떠주고 챙 부분을 다시 코를 늘려 떠줍니다.

4 마무리로 되돌아 짧은뜨기를 한 단 뜹니다.

모자 만들기

단수	콧수	만드는 방법
1단	6코	✛×6(원형코 안에 짧은뜨기 6코)
2단	12코	✚×12(빼뜨기 없이 코늘림 해서 12코를 만듭니다.)
3단	18코	(✛×, ✚×1)×6(짧은뜨기 1, 코늘림 1)을 6번
4단	24코	(✛×2, ✚×1)×6
5단	30코	(✛×3, ✚×1)×6
6단	36코	(✛×4, ✚×1)×6
7단	42코	(✛×5, ✚×1)×6
8단	48코	(✛×6, ✚×1)×6
9단	54코	(✛×7 ✚×1)×6
10단	60코	(✛×8✚×1)×6
11단	66코	✛×4, (✚×1, ✛×9)×5, ✚×1, ✛×5
12단	72코	✛×5 (✚×1, ✛×10)×5, ✚×1, ✛×5
13단	78코	✛×5 (✚×1, ✛×11)×5, ✚×1, ✛×6
14단	84코	✛×6 (✚×1, ✛×12)×5, ✚×1, ✛×6
15단	90코	✛×6 (✚×1, ✛×13)×5, ✚×1, ✛×7
16단	96코	✛×7 (✚×1, ✛×14)×5, ✚×1, ✛×7
17단	102코	✛×7 (✚×1, ✛×15)×5, ✚×1, ✛×8
18단	108코	✛×8 (✚×1, ✛×16)×5, ✚×1, ✛×8
19단	108코	✛×108
20단	114코	(✛×17, ✚×1)×6
21단	114코	✛×114
22단	120코	(✛×18, ✚×1)×6
23~38단	120코	✛×120(총 16단)
39단	126코	(✛×19, ✚×1)×6
40단	126코	✛×126
41단	132코	✛×5, ✚×1, (✛×20, ✚×1)×5, ✛×15
42단	132코	✛×132
43단	138코	✛×9, ✚×1, (✛×21, ✚×1)×5, ✛×12
44단	138코	✛×138
45단	144코	✛×13, ✚×1, (✛×22, ✚×1)×5, ✛×9
46단	144코	✛×144
47단	150코	✛×17, ✚×1, (✛×23, ✚×1)×5, ✛×6
48단	150코	✛×150
49단	156코	✛×21, ✚×1, (✛×24, ✚×1)×5, ✛×3
50단	156코	✛×156
51단	162코	(✛×25, ✚×1)×6
52단	162코	✛×162
53단	162코	✛×162(되돌아 짧은뜨기 1단)

18 포맨 페도라

- 난이도
  ★★★☆☆

- 준비물
  린넨사 - 3볼, 모사용 코바늘 5호, 리본 1마

- 완성 크기
  머리둘레 60cm, 높이 11cm, 챙 6cm

- 뜨개 기법

  ○ 사슬뜨기

  +(X) 짧은뜨기

  ● 빼뜨기

  ⋎ 짧은뜨기 1코 늘려뜨기

  ƒ 3길 긴뜨기 앞걸어뜨기

How to make...

1. 모사용 코바늘 5호로 실을 감아 원형 코를 만들어 도안의 탑과 같이 뜹니다.

2. 탑 부분에 이어서 옆면을 4, 9, 14단에서 늘림을 하면서 뜹니다. 21단의 3길 긴뜨기는 아래 5단 째에 앞걸어뜨기를 하면 됩니다. 옆면 도안의 파란색 사각형 부분이 모두 4회 반복됩니다.

3. 옆면에 이어서 챙 부분을 떠줍니다. 챙은 사각형 부분이 모두 6회 반복됩니다.

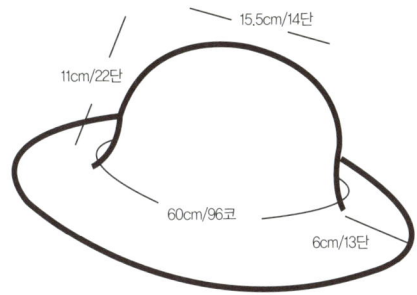

탑

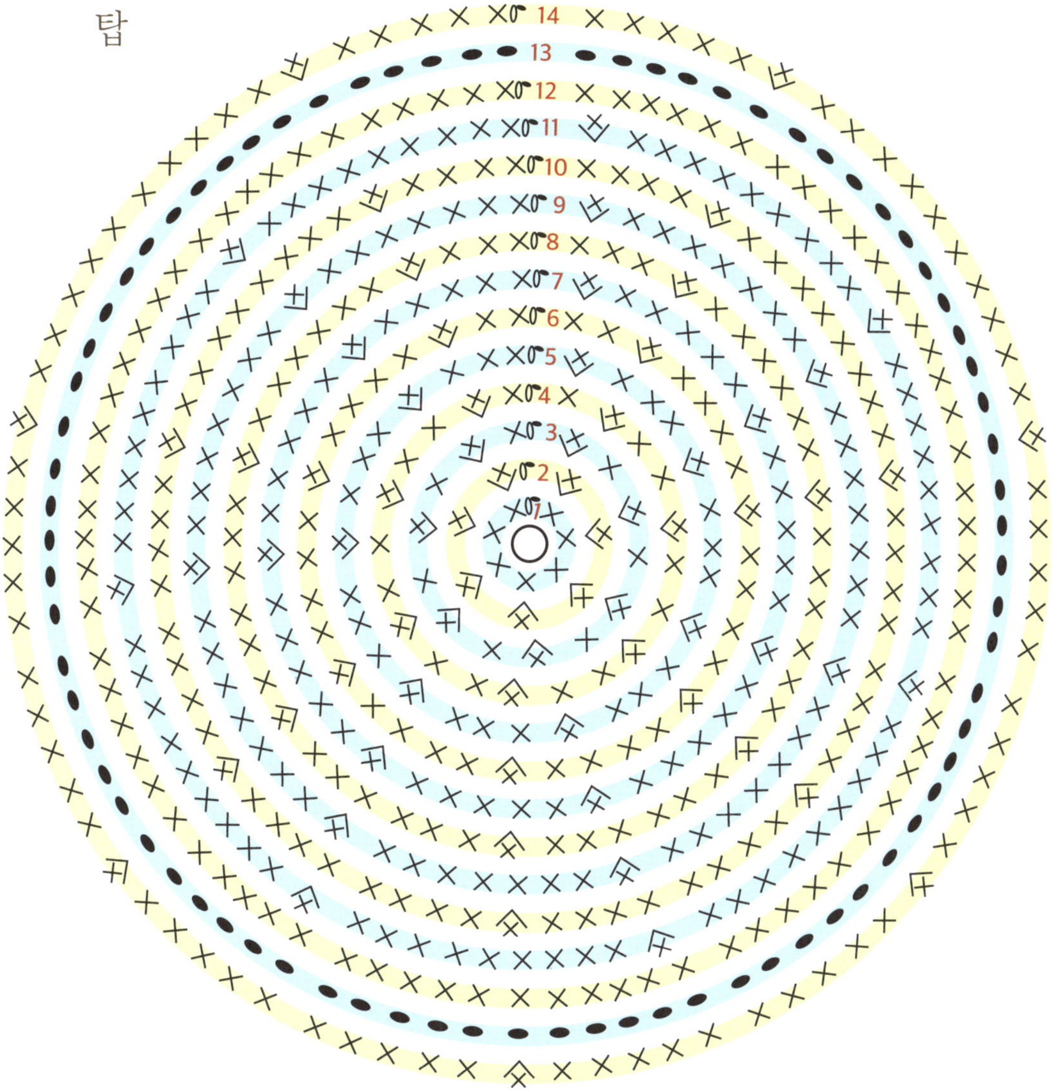

18 포맨 페도라

옆면

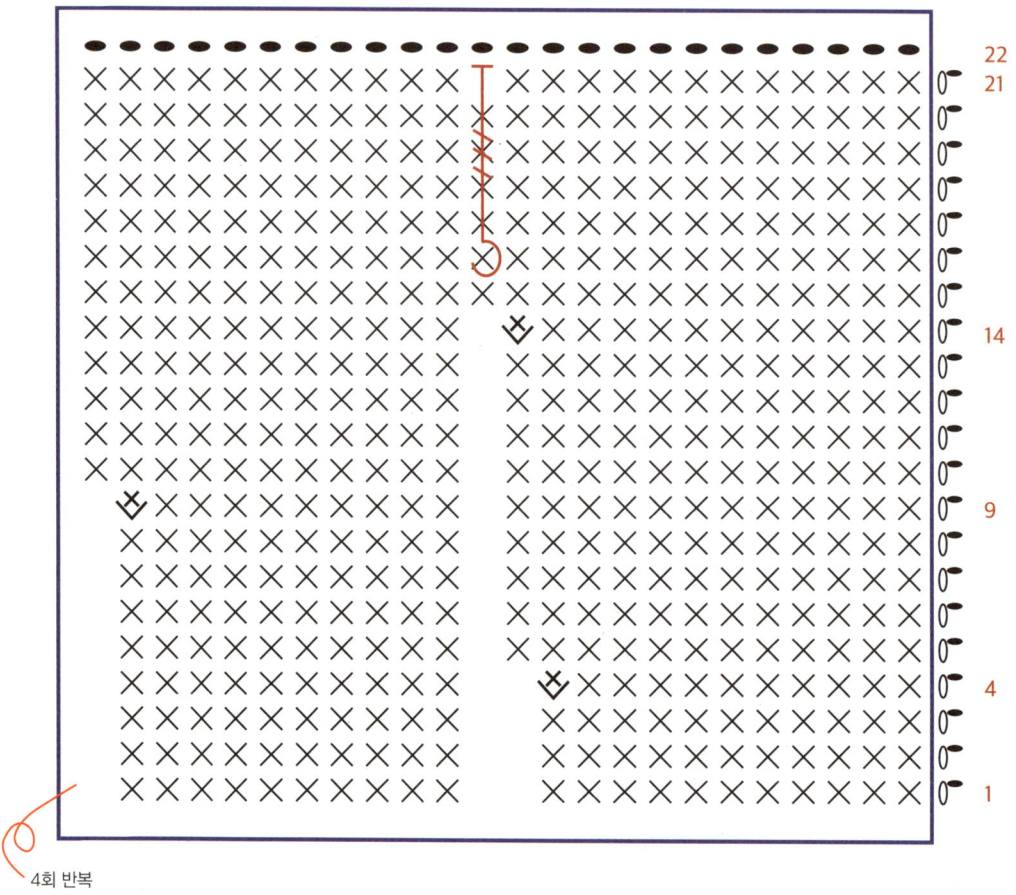

챙

18 모맨 페도라

19 파나마햇

- 난이도
  ★★★☆☆

- 준비물
  미도리 4볼, 리본테이프 90cm, 와이어 110cm
  모사용 코바늘 5호

- 완성 크기
  둘레 59cm

- 뜨개 기법

  ○ 사슬뜨기

  +(×) 짧은뜨기

  ● 빼뜨기

  ⋎ 짧은뜨기 1코 늘려뜨기

  × 이랑 짧은뜨기

How to make...

1 실을 감아 원형코를 만들어 짧은뜨기 7코를 시작으로 도안의 탑 부분을 뜹니다.(1~15단)

2 옆면은 탑에 이어 증감 없이 1 ~ 20단까지 뜬 후 21단은 빼뜨기합니다.

3 챙 부분은 이랑 짧은뜨기로 도안대로 12단까지 뜹니다. 13단에서는 와이어를 넣으며 한 코에 2코씩 짧은뜨기합니다.

4 리본테이프로 장식합니다.

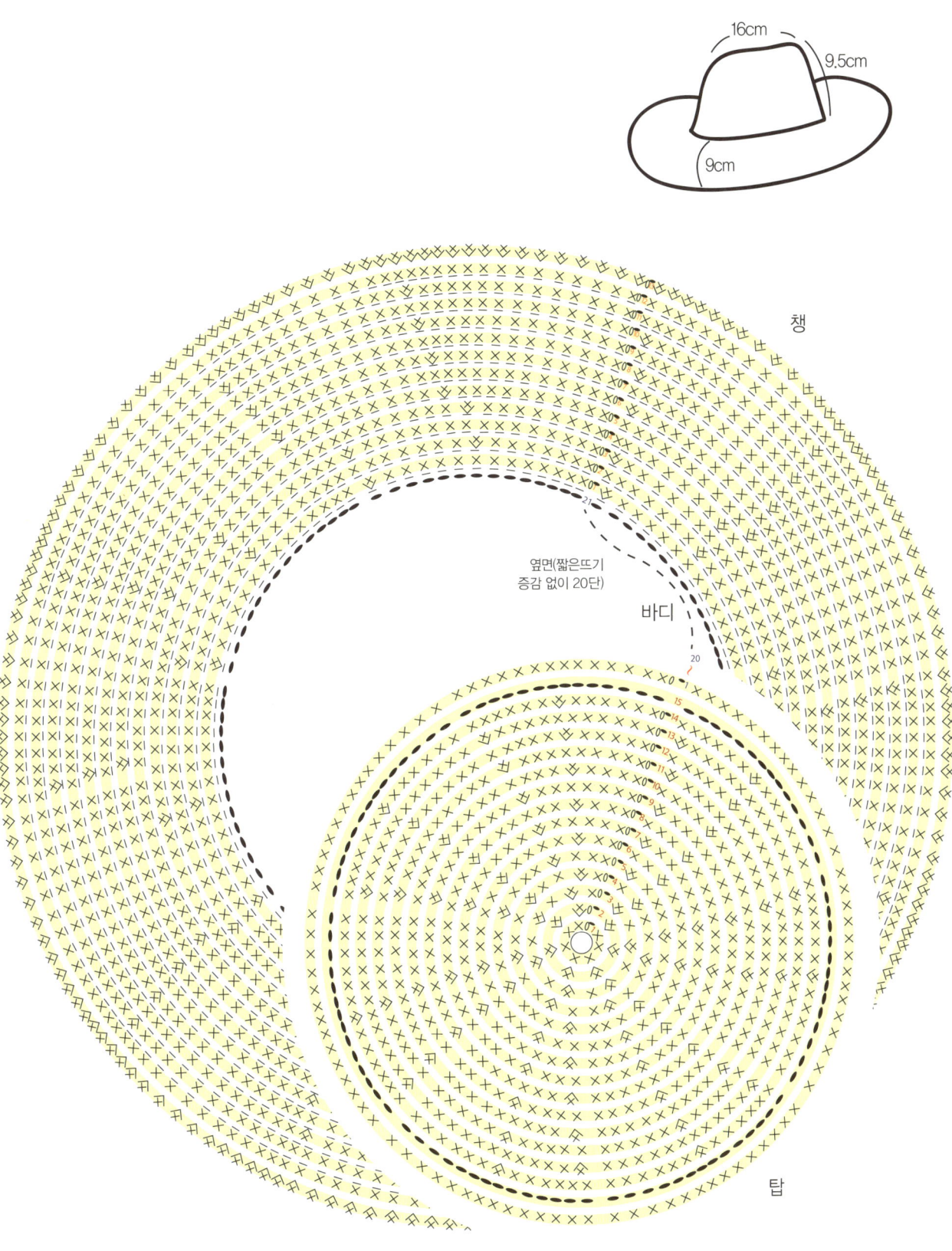

20 산들바람 스카프

- 난이도
  ★☆☆☆☆

- 준비물
  4허니울 (약 30g)
  진민트(27번) – 3볼
  모사용 5호 코바늘
  볼록 테두리 단추

- 완성 크기
  17×100cm

- 뜨개 기법
  ○ 사슬뜨기
  ✚(✕) 짧은뜨기
  ᵮ 2길 긴뜨기
  ⬩ 1길 긴뜨기 3코 구슬뜨기

✻ How to make...

1 사슬 52코를 만듭니다.
2 무늬를 배치하며 느슨하게 뜹니다.
3 원하는 길이만큼 뜹니다.
4 단추를 답니다.
5 실을 정리하고 스팀 다림질을 합니다.

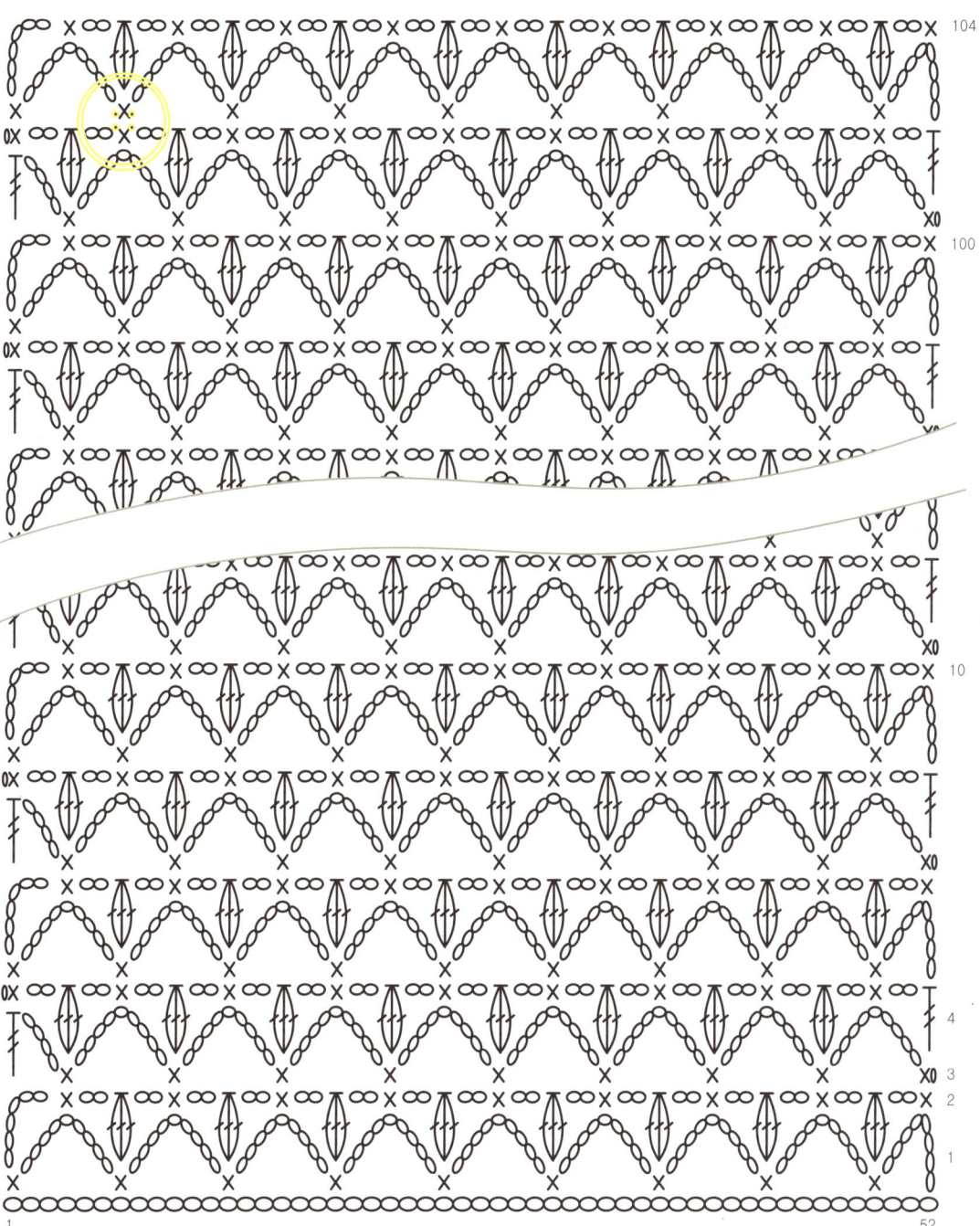

21 피오나 케이프

피오나 케이프(아이용)

- 난이도
  ★★★☆☆

- 준비물
  허니울 아이보리 1볼, 모사용 코바늘 5호
  나무구슬 2개

- 완성 크기
  34cm×9cm(5~6세)

- 뜨개 기법

  ○ 사슬뜨기

  ✛(X) 짧은뜨기

  ● 빼뜨기

  ∨ 짧은뜨기 1코 늘려뜨기

  ♠ 2길 긴뜨기 2코 구슬뜨기

  ⍟ 피코 빼뜨기

  ⋎ 1길 긴뜨기 2코 늘려뜨기

How to make...

1 사슬 61코를 만듭니다.

2 사슬 2코의 그물 무늬를 30개를 만듭니다.

3 6단까지 양 끝의 그물 무늬를 늘려가며 뜨고, 8단부터 양 끝 줄임을 하며 가장자리 무늬(11개)를 뜹니다.

4 10단까지 뜨면 테두리 1단을 뜹니다.

5 양쪽의 끈다는 위치(★)에 실을 연결하여 이중 사슬뜨기로 끈을 30cm(84코)뜹니다.
  (실을 300cm 정도 반으로 접어서 연결한 후 이중 사슬뜨기합니다)

6 끈의 끝에 나무 구슬을 달아줍니다.

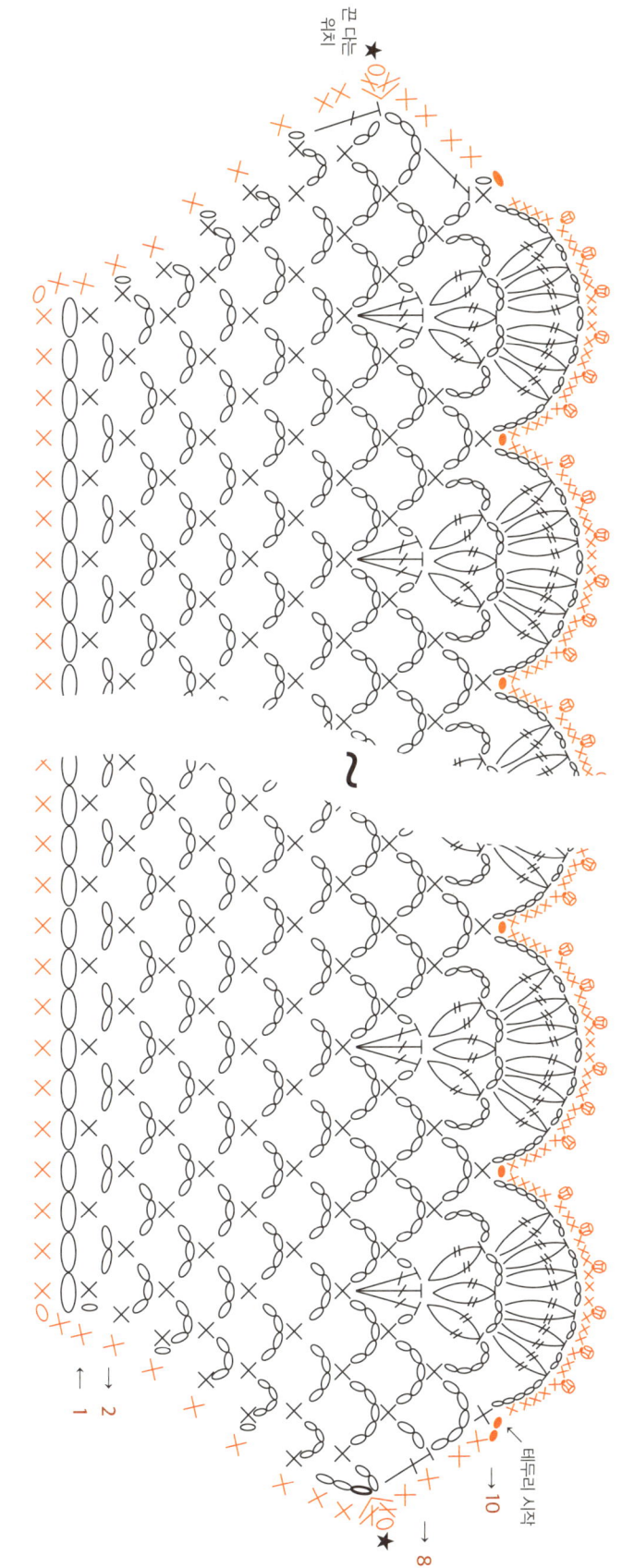

피오나 케이프(엄마용)

- 난이도
  ★★★☆☆

- 준비물
  허니울 아이보리 2볼, 모사용 코바늘 5호
  나무구슬 2개

- 완성 크기
  54cm×11cm

- 뜨개 기법

○	사슬뜨기
+(×)	짧은뜨기
●	빼뜨기
♈	짧은뜨기 1코 늘려뜨기
♠	2길 긴뜨기 2코 구슬뜨기
♉	피코 빼뜨기
♈	1길 긴뜨기 2코 늘려뜨기

✿ How to make...

1 사슬 97코를 만듭니다.

2 사슬 2코의 그물 무늬를 48개를 만듭니다.

3 8단까지 양 끝의 그물 무늬를 늘려가며 뜨고, 10단부터 양 끝 줄임을 하며 가장자리 무늬(17개)를 뜹니다.

4 12단까지 뜨면 테두리 1단을 뜹니다.

5 양쪽의 끈다는 위치에 실을 연결하여 이중사슬뜨기로 끈(40cm(110코)을 뜹니다.(실을 400cm 정도 반으로 접어서 연결한 후 이중사슬뜨기합니다.)

6 끈의 끝에 나무 구슬을 달아줍니다.

〈이중사슬뜨기 방법〉

❶ 사슬을 시작해줍니다.

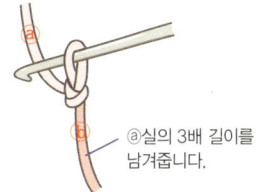
ⓐ실의 3배 길이를 남겨줍니다.

❷ ⓑ를 바늘에 감고, ⓐ를 같이 떠줍니다.

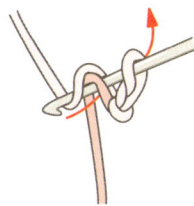

❸ 반복하여 떠줍니다.

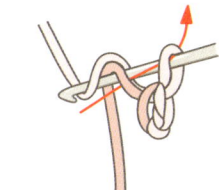

❹

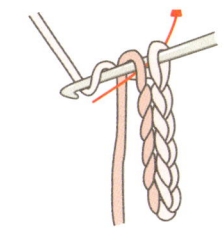

22 플로우 크로셰 넥워머

- 난이도
  ★★★☆☆

- 준비물
  허니울 6볼
  코바늘 7/0호

- 완성 크기
  22×120cm

- 뜨개 기법

  ○   사슬뜨기

  ●   빼뜨기

  ┳   1길 긴뜨기

  ┳   1길 긴뜨기 앞걸어뜨기

  ┳   1길 긴뜨기 뒤걸어뜨기

※ *Tip*
걸어뜨기 할 때는 느슨하게 떠주면 좋습니다.

※ How to make...

1 사슬뜨기 400코를 떠주고 첫단을 떠줍니다.
 (여유 있게 코를 잡아 남는 코는 풀어버립니다.)

2 두 번째 단부터는 원형으로 도안을 참고하여 떠줍니다.

3 4단 마다 실끌기를 하여 시작합니다.

4 총 5무늬를 떠주고 실 정리를 하여 완성해 줍니다.

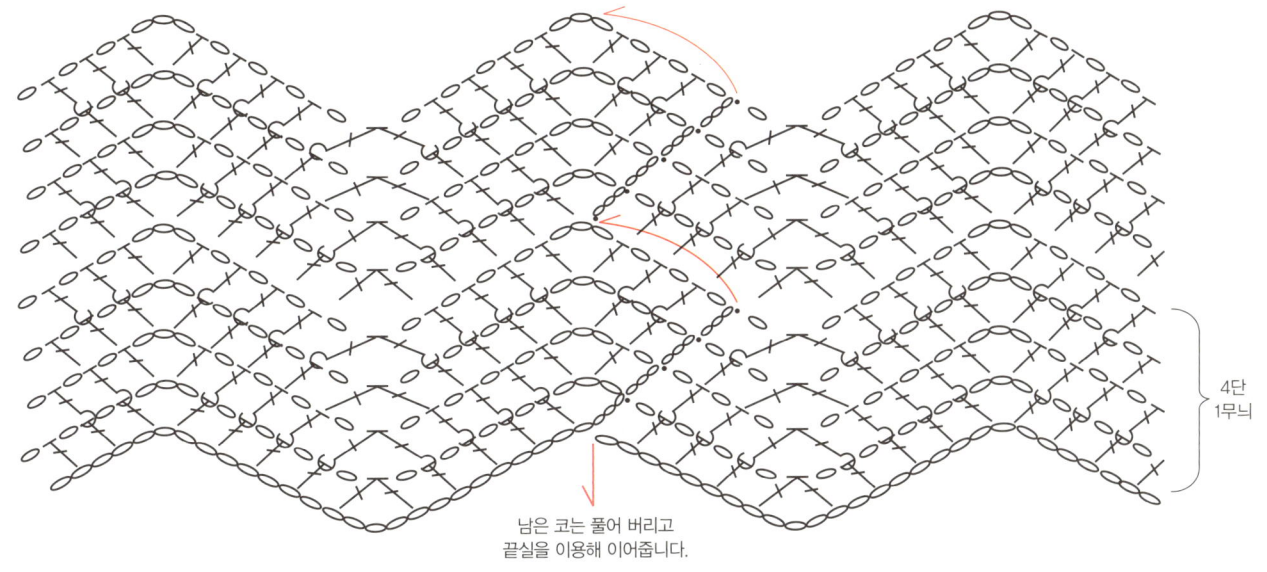

남은 코는 풀어 버리고
끝실을 이용해 이어줍니다.

4단
1무늬

실끌기 과정

1 빼뜨기로 단을 마무리 합니다.

2 빼뜨기코를 길게 빼줍니다.

3 빼뜨기코로 실 뭉치를 통과시켜 줍니다.

4 실을 잡아 당겨 줍니다.

5 시작할 부분으로 이동하여 다시 떠 줍니다. 길게 이어진 실은 다음 단을 뜰 때 함께 떠서 숨겨줍니다.

23 빈티지 캡 심플 파우치

- 난이도
  ★☆☆☆☆

- 준비물
  파비아 1볼, 가죽펠트 파우치 캡 1장
  코바늘 4호, 5호, 앤틱 문양 단추

- 완성 크기
  약 20×12.5cm

- 뜨개 기법

  ○ 사슬뜨기

  ╋(╳) 짧은뜨기

  ● 빼뜨기

How to make...

1 가죽펠트 파우치 캡 끝에 실을 가져와 4호 바늘로 짧은뜨기하여 연결합니다.(37코)

2 바늘을 5호로 바꾸어 매단 기둥코를 세우며 짧은뜨기로 56단까지 떠줍니다.

3 실을 끊지 말고 편물을 반 정도 접어 파우치 캡 양쪽 가장자리 구멍에 짧은뜨기로 연결해줍니다.
 (빨간색 표시)

4 실을 살짝 느슨하게 잡고 짧은뜨기로 2단마다 편물 가장자리끼리 연결합니다.

5 한쪽 연결이 끝나면 실을 끊고 맞은편에 실을 달아 같은 방법으로 연결합니다.

6 실 정리 후 파우치 캡을 접어 단추 위치를 정하고 단추를 달아 마무리합니다.

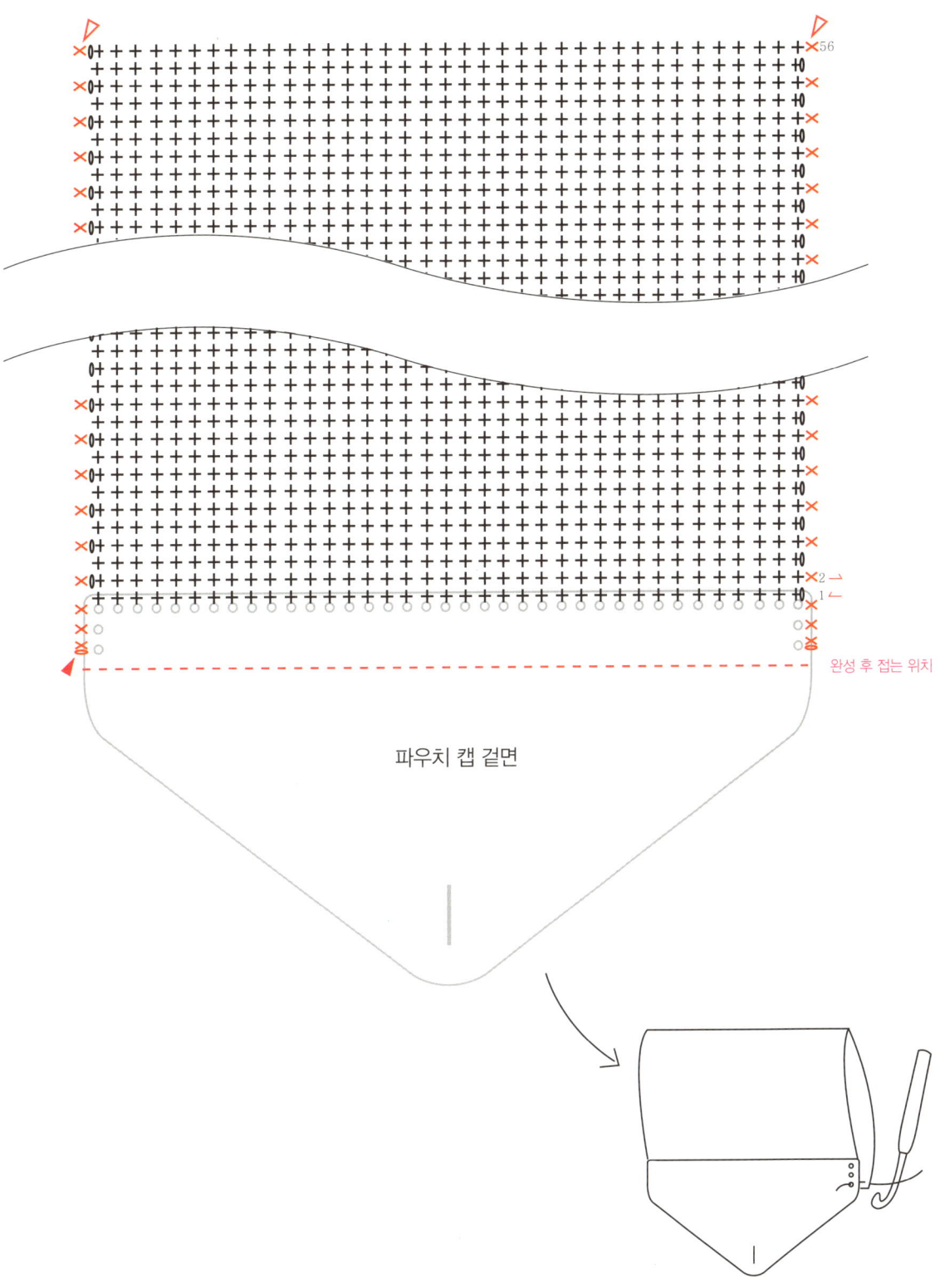

24 프렌치 네트백

• 난이도
★★☆☆☆

• 준비물
파비아 3볼
모사용 코바늘 5/0호
코튼라벨-니뜨

• 완성 크기
전체 길이 약 52cm

• 뜨개 기법

○ 사슬뜨기

+(X) 짧은뜨기

● 빼뜨기

X 이랑 짧은뜨기

T 긴뜨기

How to make...

1. 원형코 10코를 만들어 코늘림에 주의하여 이랑 짧은뜨기로 떠나갑니다.(1단 코늘림+1단 코늘림 없이)
2. 20단째에 짧은뜨기와 사슬코 3코를 뜨되 1코씩 건너 짧은뜨기를 합니다.
3. 21단은 뜨던 방향 반대로 1단을 뜨며 단마다 방향바꾸기를 해줍니다.
4. 55단까지 뜨고 도안대로 삼각형 모양이 되도록 떠주고 표시에서 실을 끊습니다.
5. 표시(중심자리)에 실을 달아 도안대로 삼각형을 떠줍니다. 삼각형이 총 4개가 나오도록 떠줍니다.

손잡이/마무리하는 법

1 ①에 실을 달아 사슬코 70코를 뜨고 빼뜨기하여 연결.

2 대칭이 되는 반대편에도 사슬코 70코를 떠줍니다.

3 ②에 실을 달아 짧은뜨기 2단, 빼뜨기 1단을 뜹니다.

4 ③에 실을 달아 짧은뜨기 1단을 떠주고, 사슬코에도 빼뜨기로 떠줍니다.

5 대칭이 되는 반대편도 똑같이 해줍니다.

6 실 정리 후 라벨을 가방 안쪽으로 라벨을 달면 완성입니다.

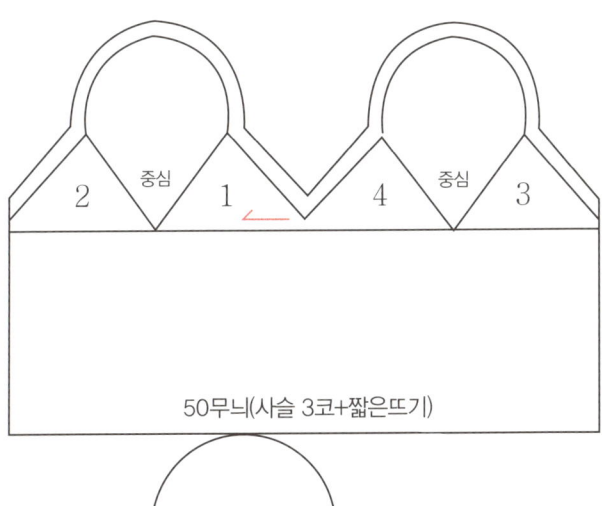

50무늬(사슬 3코+짧은뜨기)

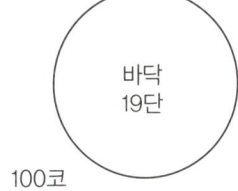

바닥
19단

100코

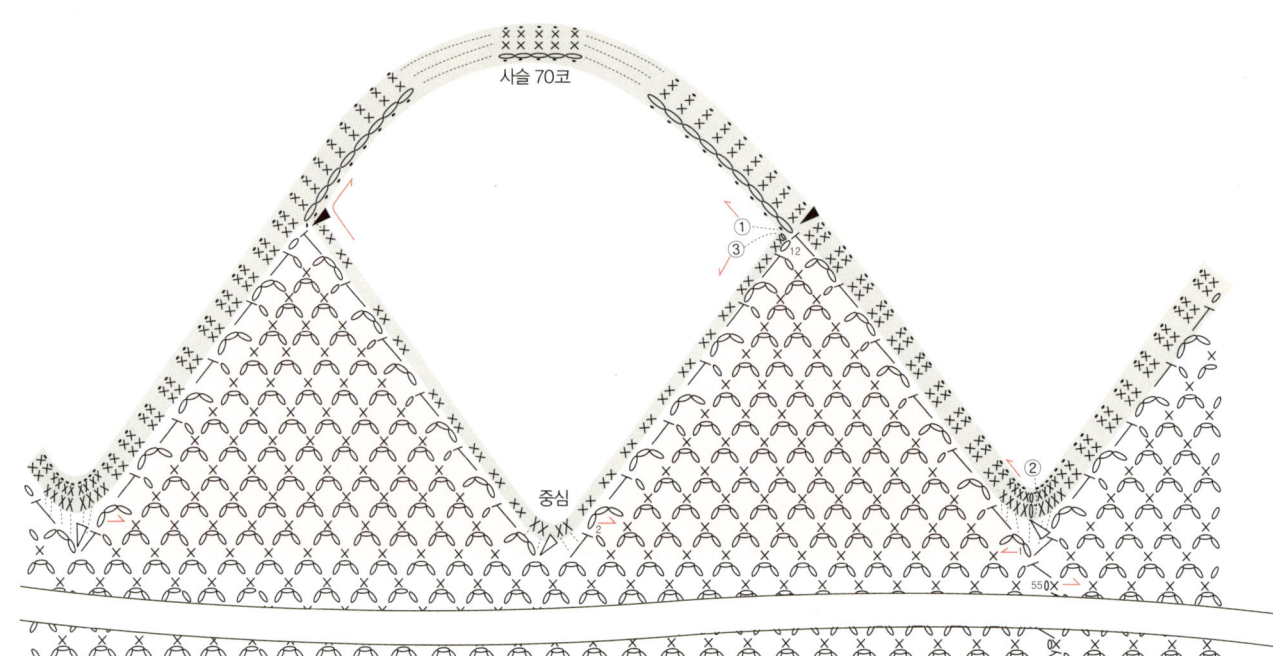

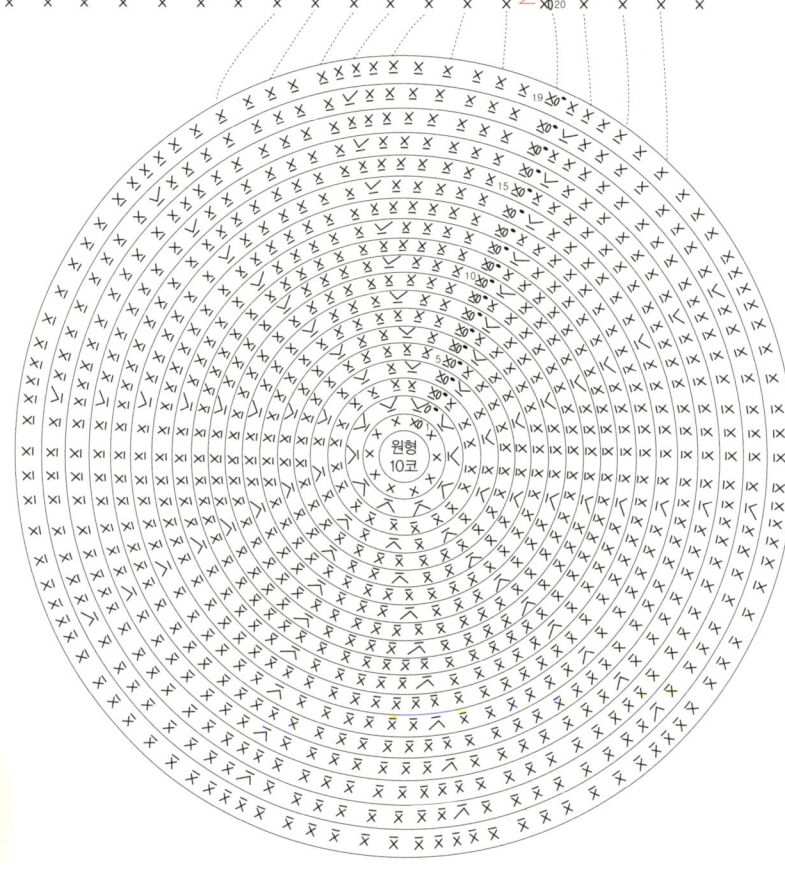

Tip
중심으로 표시된 부분은 무늬를 건너뛰게 됩니다.

25 코코넛 덤블링 백

• 난이도
★★☆☆☆

• 준비물
파비아 3볼
모사용 코바늘 5호
코튼라벨-니뜨

• 완성 크기
전체 길이 약 52cm

• 뜨개 기법

O 사슬뜨기

+(X) 짧은뜨기

T 긴뜨기

V 긴뜨기 1코 늘려뜨기

A 긴뜨기 2코 모아뜨기

How to make…

1. 사슬 37코를 만들고 긴뜨기 1단, 짧은뜨기 1단을 뜹니다.
2. 각각의 위치에 코늘림을 하며 25단까지 뜹니다.
3. 평단을 13단 뜹니다.
4. 코줄임을 하며 뜹니다.
5. 스팀 다림질을 해서 모양을 잡습니다.
6. 옆면의 긴뜨기 기둥에 짧은뜨기를 뜨는 손쪽으로 바짝 주름지게 당기며 뜹니다.
7. 가방 손잡이를 놓고 걸어서 짧은뜨기를 합니다.
8. 반대쪽도 같은 방법으로 만듭니다.

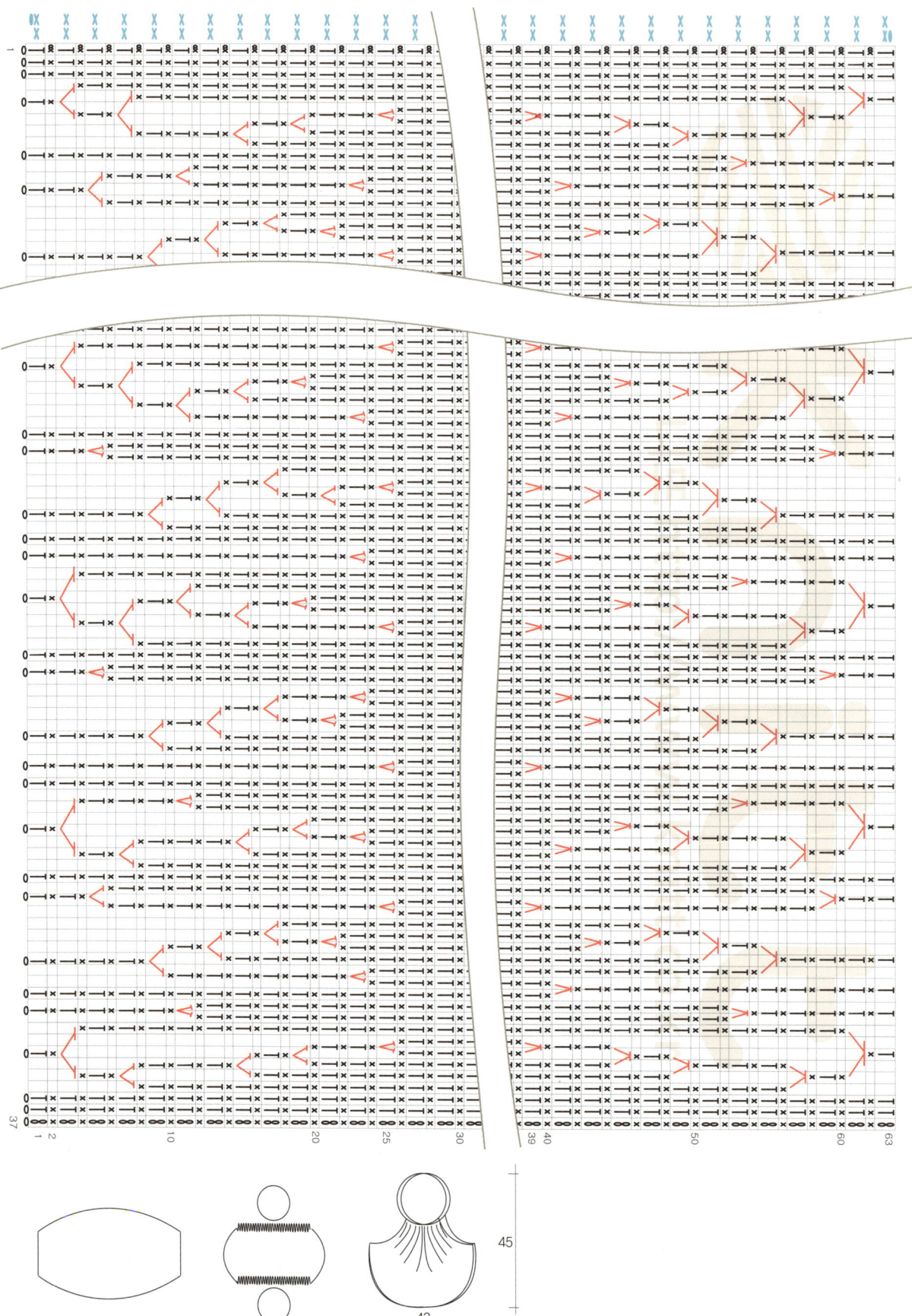

26 배색 클러치

- 난이도
  ★★★☆☆

- 준비물
  헤레나/베이지(2), 연민트(8),
  에메랄드그린(24), 블랙(39) 각 1볼
  모사용 코바늘 3호

- 완성 크기
  26cm×22cm

- 뜨개 기법

  ○   사슬뜨기

  ＋(X)   짧은뜨기

  ●   빼뜨기

  X   이랑 짧은뜨기

How to make...

1 사슬 66코를 만들어서 이랑 짧은뜨기로 배색차트를 참고하여 41단까지 원통뜨기합니다.

2 바탕색 실로 빼뜨기를 한 단 뜨고 마무리합니다.

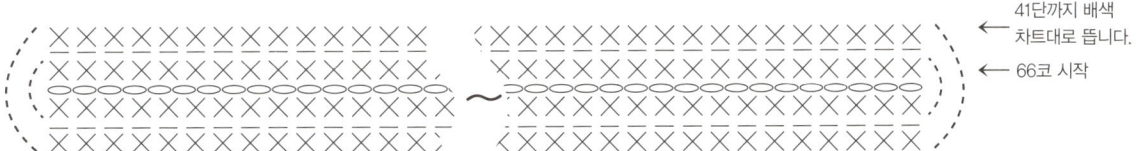

← 41단까지 배색 차트대로 뜹니다.
← 66코 시작

1무늬 22코 4단

〈안감과 지퍼 달기〉

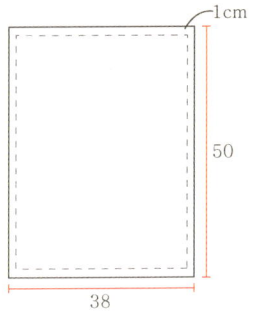

1 뜨개 편물보다 사방 1cm 여유분을 두고 안감을 재단합니다.

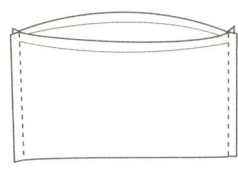

2 반으로 접어 양쪽 옆 솔기를 홈질이나 박음질을 하여 꿰매줍니다.

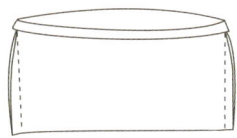

3 위쪽 여유분(시접분) 만큼 바깥쪽으로 접어줍니다.

4 안쪽에서부터 안감, 지퍼, 겉감 순으로 배치하여 시침한 후 일반실과 바늘로 홈질하여 지퍼와 안감을 달아줍니다.

27 모칠라백

- 난이도
  ★★★★☆

- 준비물
  그레이스/아이보리(715) 3볼, 핫핑크(752) 1볼, 터키블루(754) 1볼, 네이비(722) 2볼
  모사용 코바늘 5호

- 완성 크기
  26cm×22cm

- 뜨개 기법

  ● 빼뜨기

  ✕ 이랑 짧은뜨기

How to make...

1 네이비 색 실 2겹으로 감아 코를 만들어 짧은뜨기 8코를 뜹니다.

2 두 번째 단 부터는 이랑 짧은뜨기 원통뜨기이며 바닥 부분은 무늬가 8회 반복됩니다.

3 배색챠트의 빨강 부분이 늘어나는 코입니다. (같은 코에 이랑 짧은뜨기를 2회 하면 됩니다.)

4 바닥을 패턴대로 모두 뜨면 160코가 됩니다.

5 몸판 무늬챠트대로 이어서 뜹니다.

6 테두리를 뜹니다.

7 가방끈은 사슬코 230코를 만들어 위, 아래 각각 5단씩 뜬 후 가방의 양 끝 안쪽에 꿰맵니다.

8 조리개용 끈은 140cm 이중 사슬뜨기로 뜨고 남은 실로 태슬을 만들어 답니다.

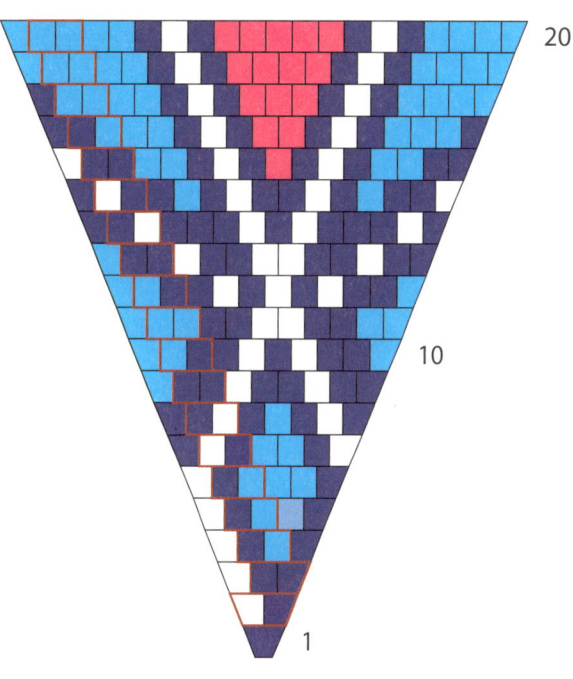

27 모칠라백

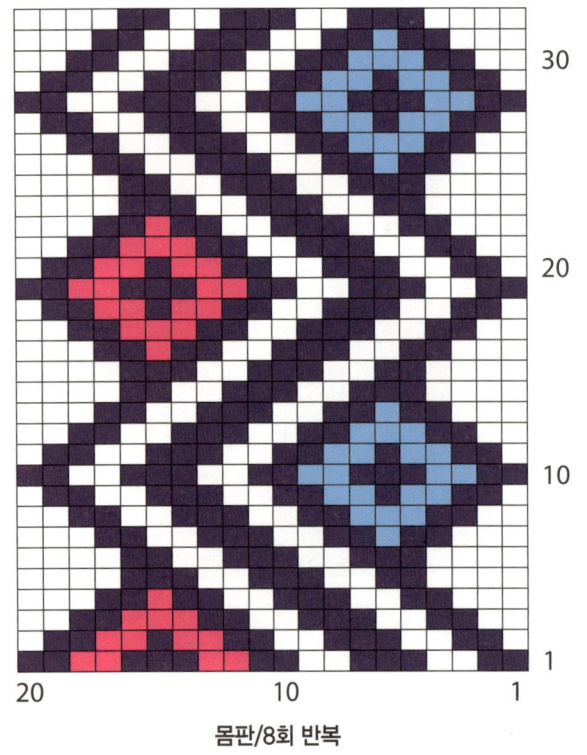

몸판/8회 반복

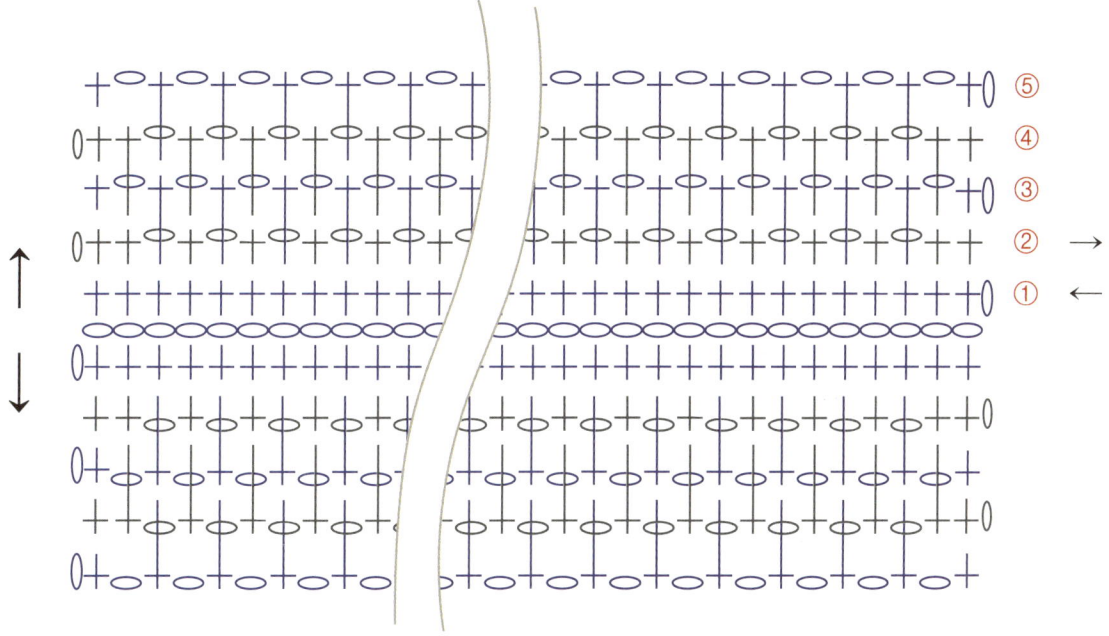

가방끈/230코 위 5단, 아래 5단
(①, ③, ⑤단 네이비색, ②, ④단 아이보리색)

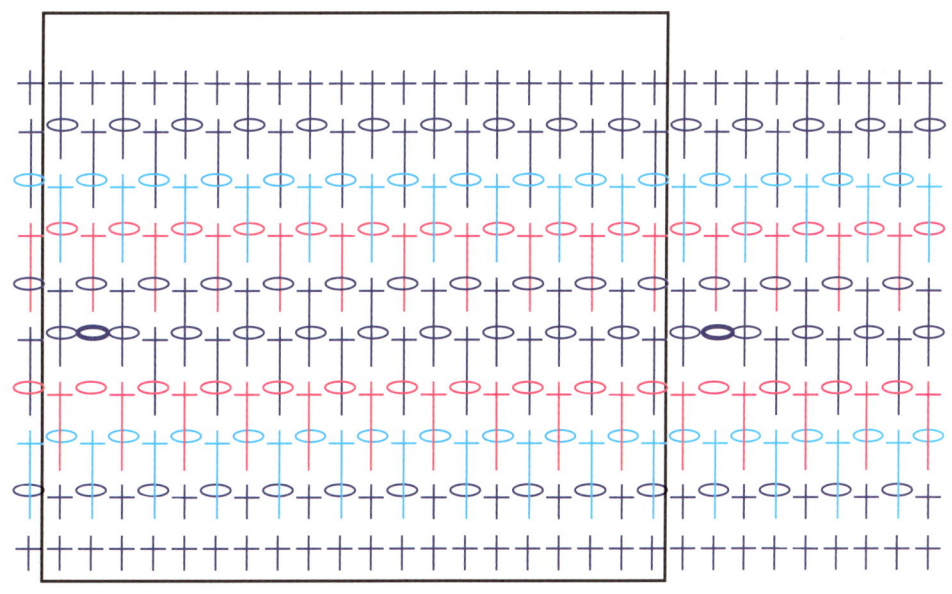

가방 테두리

28 고깔 코바늘 벙어리장갑

- **난이도**
★★☆☆☆

- **준비물**
허니울 11번 멜란코코이 : 4볼(여)
허니울 13번 멜란치콜 : 5볼(남)
모시용 6호 코바늘
돗바늘

- **완성 크기**
여 8×24cm
남 9×26cm

- **뜨개 기법**

○	사슬뜨기
●	빼뜨기
┼	이랑 짧은뜨기
⪦	1길 긴뜨기 앞걸어뜨기
⩑ (⩓)	짧은뜨기 2코 모아뜨기
┬	1길 긴뜨기
⪧	1길 긴뜨기 뒤걸어뜨기

How to make...

여(남)

1. 허니울 2겹으로 사슬 32코(36코)를 만듭니다.

2. 1길 긴뜨기를 한단 뜹니다.(평뜨기)

3. 2단부터 원형뜨기로 앞걸어뜨기 2코, 뒤걸어뜨기 2코씩 4단을 합니다.

4. 짧은뜨기 1단 하고 기둥코 없이 이랑 짧은뜨기로 7단(9단)을 뜹니다.

5. 위치에 엄지손가락 구멍의 사슬 8코(9코)를 만듭니다.

6. 계속 이랑 짧은뜨기를 25단(27단)을 뜹니다.

7 도안처럼 코줄임 1단, 평단 1단을 2회 반복합니다.

8 코줄임을 2번 더하고 남은 코는 돗바늘로 오므립니다.

9 엄지손가락에 실을 걸어서 16코를 만듭니다.(양쪽의 벌어진 곳은 Tip 그림을 참고하여 모아뜨기로 공간을 메움.)

10 9단을 뜨고 코줄임을 하고 남은 4코는 돗바늘로 오므립니다.

11 반대쪽은 대칭으로 엄지를 만들어 줍니다.

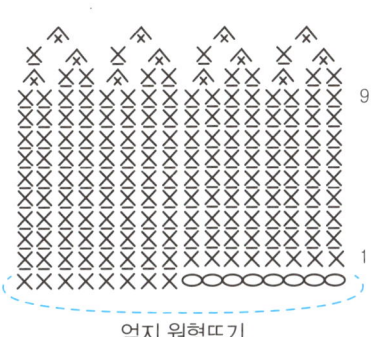

엄지 원형뜨기

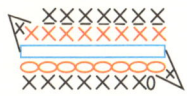

Tip 구멍 뚫은 옆의 사이를 모아뜨기 합니다.

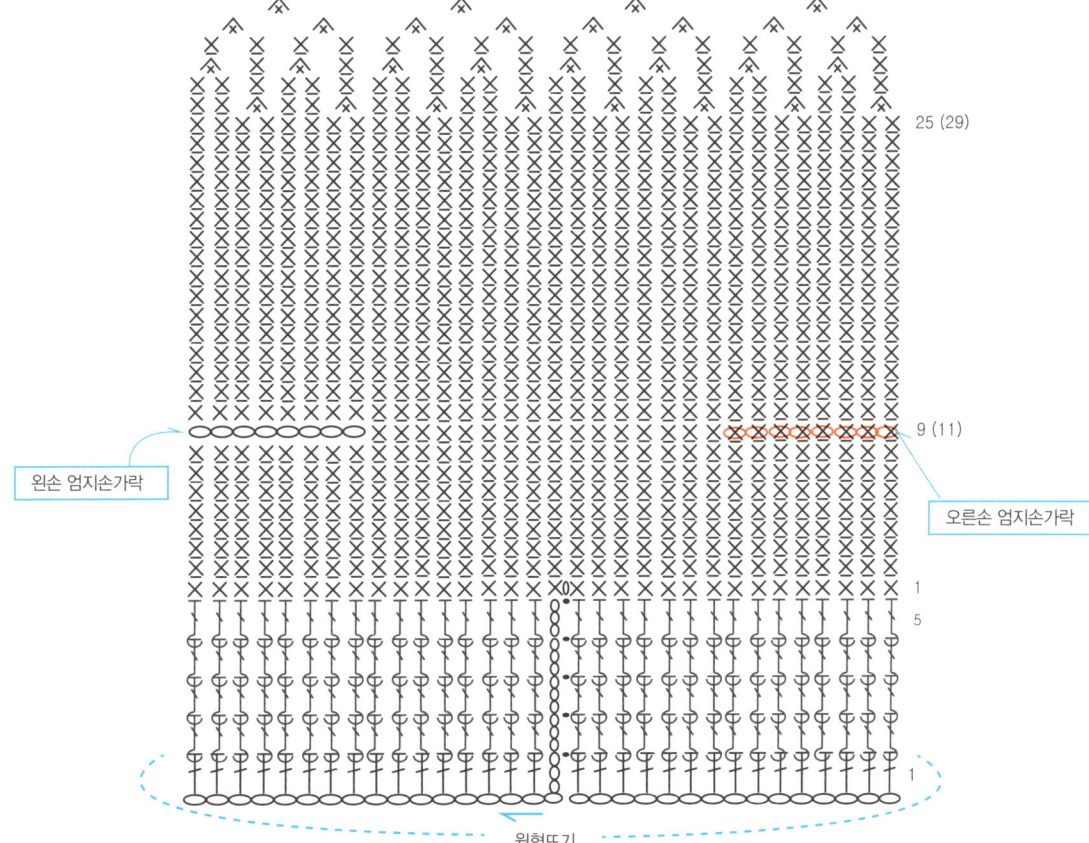

[여자 사이즈]

29 코코넛 린넨 룸슈즈

- 난이도
  ★★★☆☆

- 준비물
  아마 100, 신발 바닥
  3호, 5호 코바늘, 돗바늘

- 완성 크기
  230cm, 235cm

- 뜨개 기법
  - ○ 사슬뜨기
  - ● 빼뜨기
  - ╋(✕) 짧은뜨기
  - ⌄ 짧은뜨기 1코 늘려뜨기
  - T 긴뜨기
  - ⟊ 1길 긴뜨기

❋ How to make...

신발 등 만들기

1. 5호 코바늘로 8코 사슬뜨기 하여 도안과 같이 코를 늘려가며 신발의 등을 떠줍니다.

2. 25단까지 뜨고 테두리 짧은뜨기를 1단 떠줍니다.(66코)

3. 신발 바닥도 둘레를 짧은뜨기로 떠주어 만들어 줍니다.

4. 신발 등을 신발 바닥의 윗중심 콧수에 잘 맞추어 돗바늘로 감침질 해줍니다.

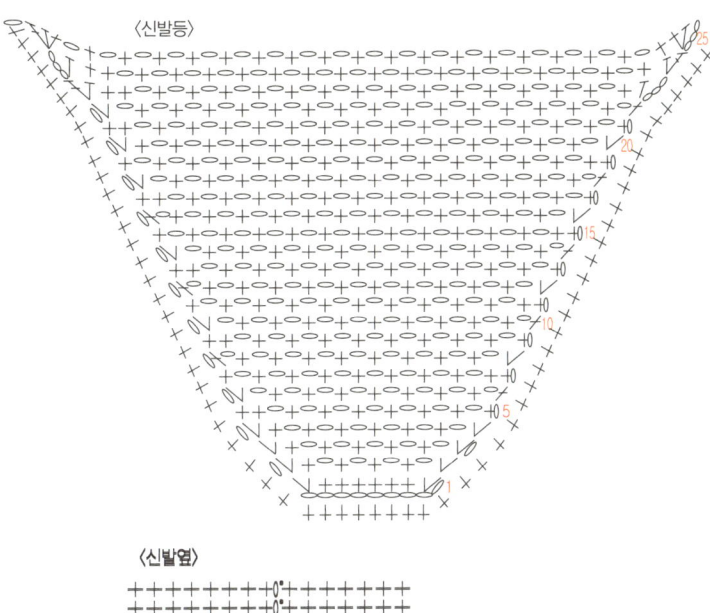

신발 연결하여 완성하기

1 신발 바닥 3장을 놓고 구멍에 3호 바늘을 넣어 화살표 방향으로 짧은뜨기를 떠줍니다. 짧은뜨기는 구멍마다 1코, 2코를 번갈아 떠주며 총 105코를 만들어줍니다.

2 다음 단은 5호 코바늘로 바꾸어 반대 방향으로 짧은뜨기를 5단 더 떠줍니다.

3 짧은뜨기한 것을 반으로 접어 바닥 구멍으로 홈질하면서 꿰매줍니다.

4 신발 윗부분의 중심 위치를 잘 잡아 신발의 등을 감침질로 꿰매줍니다.

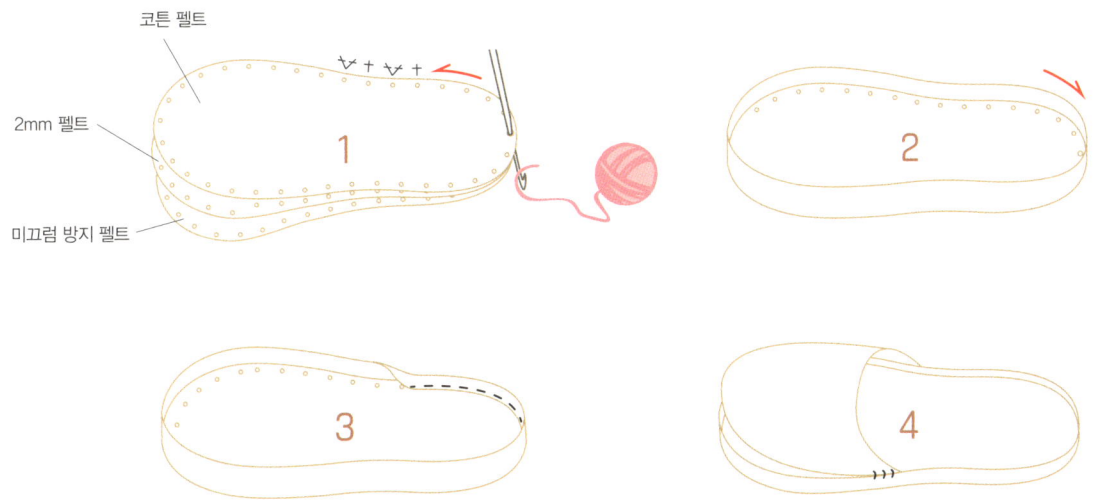

30 모히토 썸머 탱크탑

- **난이도**
  ★★☆☆☆

- **준비물**
  바게트(23번 민트그린)-2볼
  모사용 5호 코바늘
  무궁화단추 - 3개
  코튼라벨 - 베이비
  일반실과 바늘

- **완성 크기**
  3~4세용

- **뜨개 기법**

기호	설명
○	사슬뜨기
●	빼뜨기
+(X)	짧은뜨기
V	1길 긴뜨기 1코 늘려뜨기
T	1길 긴뜨기
A	1길 긴뜨기 2코 모아뜨기
爪	1길 긴뜨기와 2길 긴뜨기 병행 모아뜨기(2코 줄임)

How to make...

1 사슬 175코를 만듭니다.

2 모눈뜨기를 8단까지 만들고 도안의 ①을 만듭니다.

3 실을 이어서 ②를 만듭니다.(10단)

4 다시 ③을 만들고 실을 끊습니다.

5 ④실을 잇고 목 테두리와 어깨끈(콧수가 달라짐)을 만듭니다.(단춧구멍도)

6 ⑤ 아랫단에 실을 걸고 그물을 원형뜨기로 매단 진행 방향을 바꾸며 12단을 뜨고 마무리 단은 3단을 떠줍니다.
   (조개무늬 1단, 그물 1단, 조개무늬 1단)

7 ⑥ 뒷판의 마무리를 짧은뜨기로 떠줍니다.

8 단추와 라벨을 답니다.

9 실 정리와 스팀 다림질로 마무리합니다.

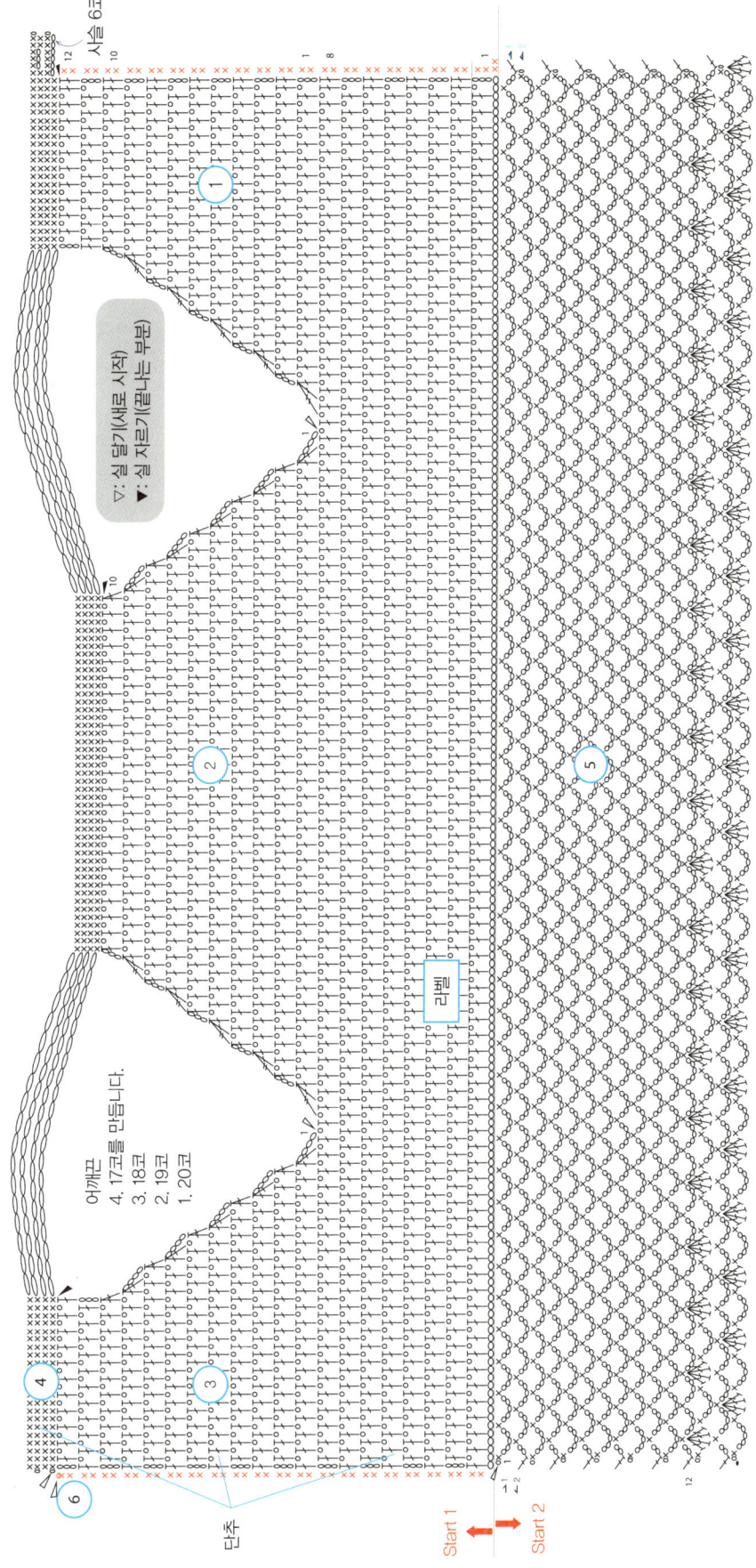

31 베이비 튤립 보넷 세트

• 난이도
★★★☆☆

• 준비물
허니(45g) – 총 4볼
연살구(103번) – 2볼
연노랑(104번) – 1볼
라임연두(113번) – 1볼
모사용 6호 코바늘

• 완성 크기
1–2세용
머리둘레 46cm 기준, 발길이 12cm 기준

• 뜨개 기법

기호	명칭	기호	명칭
○	사슬뜨기		1길 긴뜨기 5코 팝콘뜨기
●	빼뜨기		조개뜨기
+(X)	짧은뜨기		
	1길 긴뜨기 3코 모아뜨기		
	1길 긴뜨기 3코 구슬뜨기		

How to make...

보넷

1 사슬 25코를 만들어서 도안대로 15단을 뜨고 실을 끊습니다.

2 실을 잇고 모자둘레를 14단을 뜨고 실을 끊지 않습니다.

3 라임연두색으로 바꿔서 잎을 한단 뜹니다.

4 연노랑색으로 바꿔서 꽃을 한단 뜹니다.

5 쉬는 실(설명 2번)을 사용하여 전체 테두리를 뜹니다.

6 줄을 만들어 목둘레에 끼웁니다.

31 베이비 튤립 보넷 세트 219

신발

1 사슬 25코를 만들어서 8단을 뜹니다.
   사슬 8코를 떠서 원형으로 잇습니다.

2 원형으로 4단을 뜨며 코줄임을 하고 남은 코는 오므립니다.

3 편물 안면에서 뒷중심에 실을 걸어 뒤꿈치를 잇고 계속 이어서 편물 겉면에서 테두리를 뜹니다.

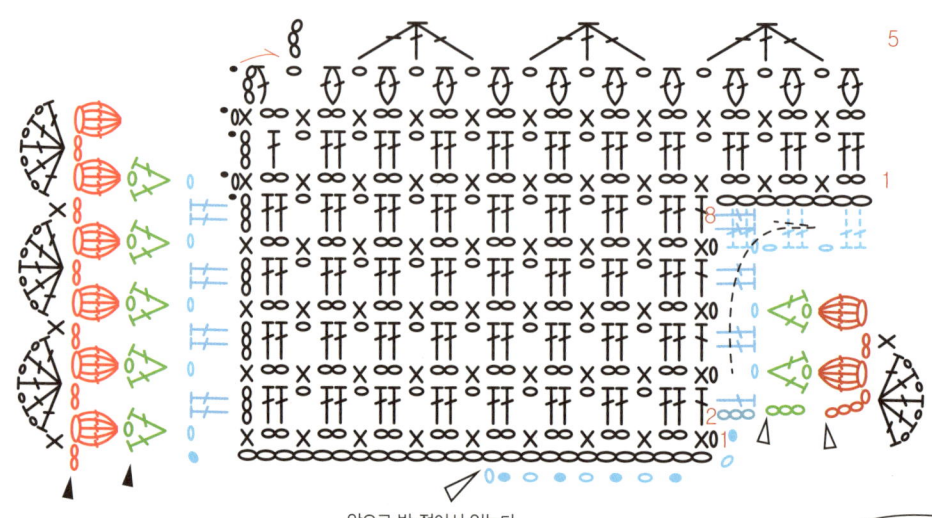

목둘레 줄

1 원형코 안에 모티브를 만듭니다.

2 사슬을 만들고(약 55cm) 반대쪽 모티브를 만든다.

3 사슬에 빼뜨기를 합니다.

32 봄의 요정 베이비 원피스

- 난이도
  ★★★★☆

- 준비물
  허니 3p - 01. 화이트(4볼)
  코바늘 4호
  돗바늘, 단추 5개

- 완성 크기
  2~3세용
  21×39cm

- 뜨개 기법

  ○   사슬뜨기

  ✚(✕)   짧은뜨기

  ●   빼뜨기

  ┬   1길 긴뜨기

  ╤   2길 긴뜨기

How to make...

원피스 탑

1 사슬뜨기 137코 만들어 매단 시둥코를 세워 떠줍니다.

2 앞판 오른쪽, 뒷판, 앞판 왼쪽을 순서대로 떠줍니다.

3 어깨를 돗바늘로 이어줍니다.

원피스 치마

1 원피스 탑 부분의 처음 사슬코(137코)에 짧은뜨기를 하여 시작합니다.

2 도안을 참고하여 무늬뜨기를 떠줍니다.

3 실을 끊지 않고 계속 이어서 앞단과 목둘레에 짧은뜨기 3단을 떠주면서 단춧구멍을 5개 만들어 줍니다.

원피스 소매

1 진동둘레에 짧은뜨기 70코로 시작하여 레이스 소매를 만들어 줍니다.

2 소매의 1, 2단은 원형뜨기로 떠줍니다.

▽ : 실 달기(새로 시작)
▼ : 실 자르기(끝나는 부분)

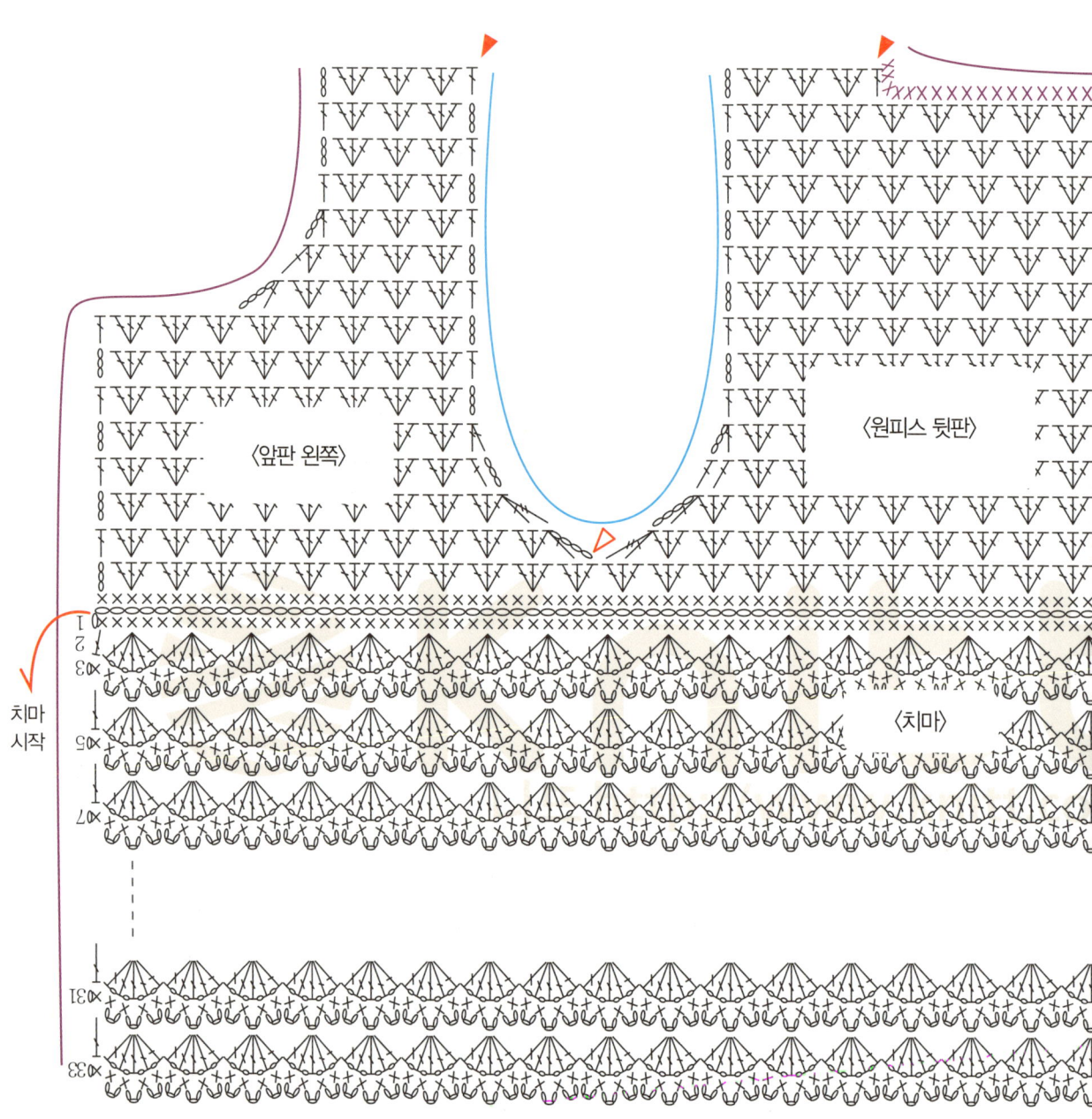

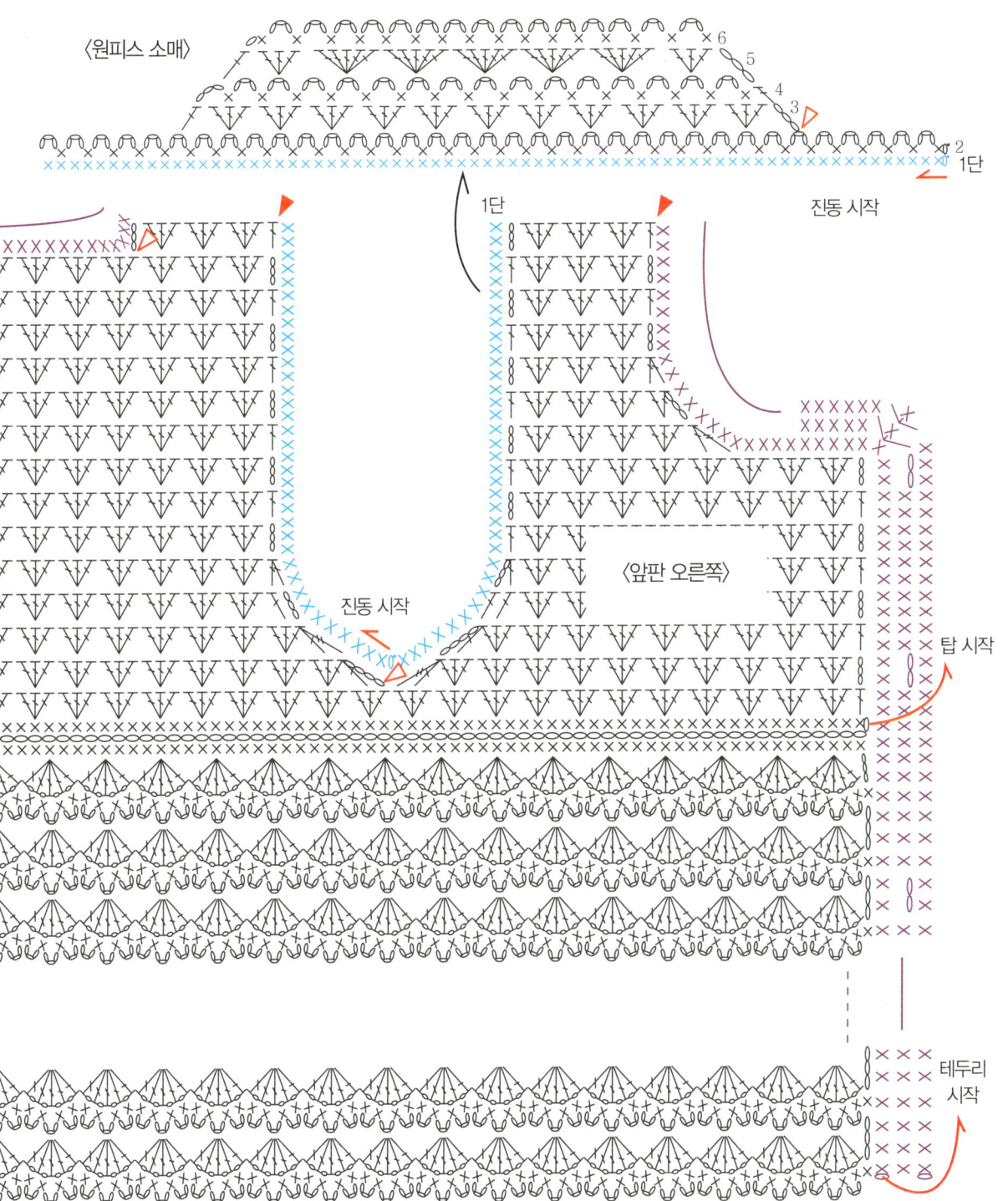

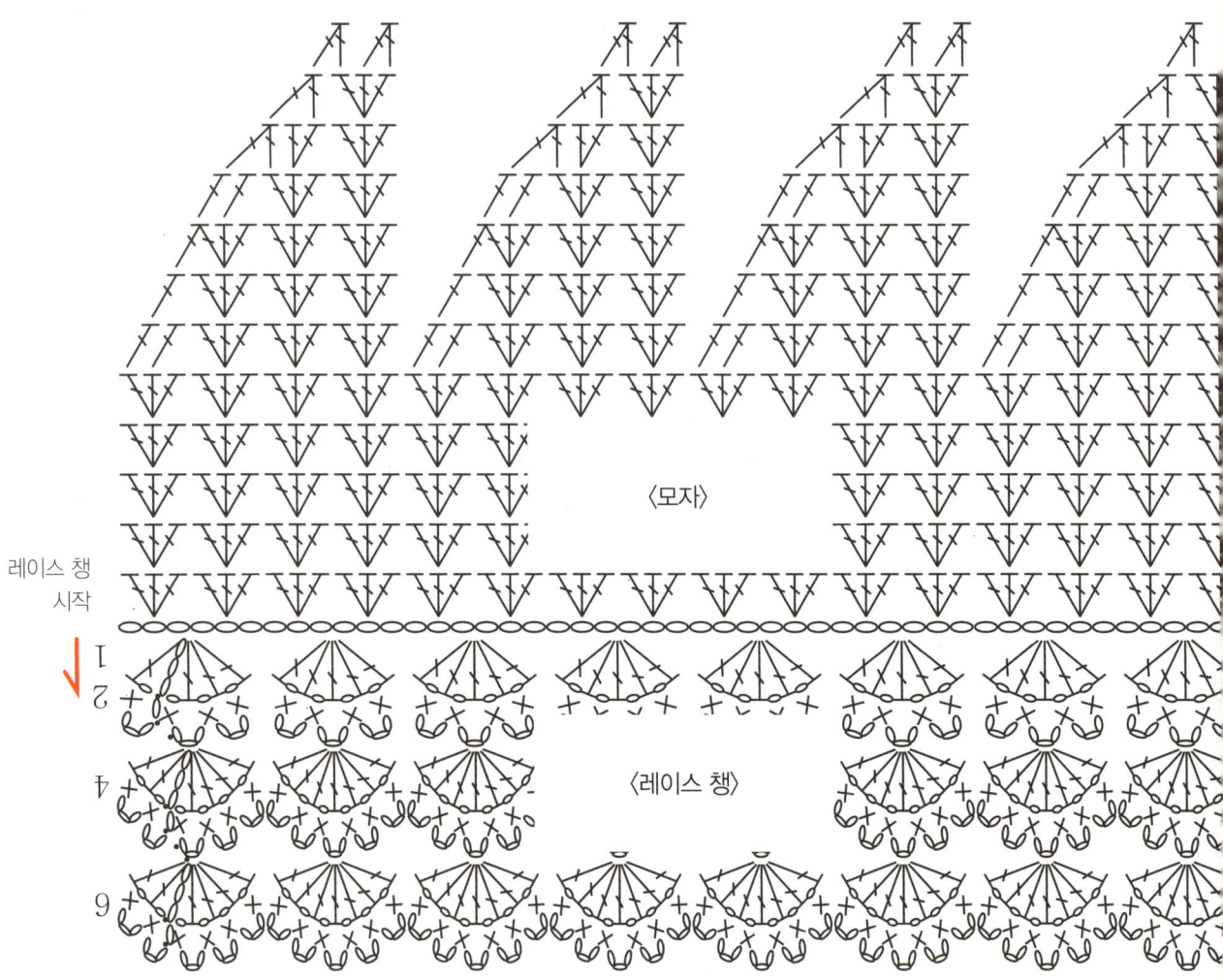

〈모자〉

레이스 챙 시작

〈레이스 챙〉

226　Chapter 05　응용 작품 만들기

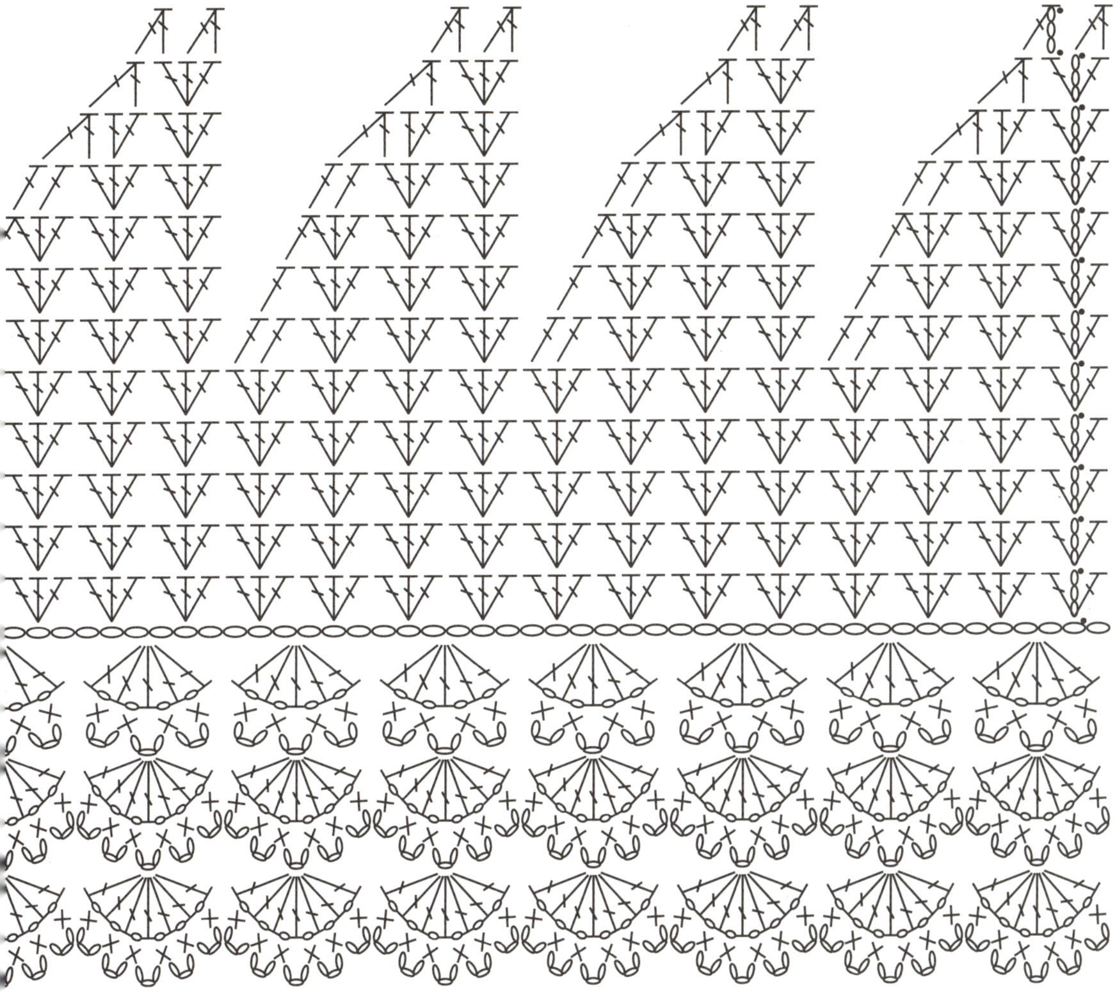

12
10
5
2
1
모자 시작

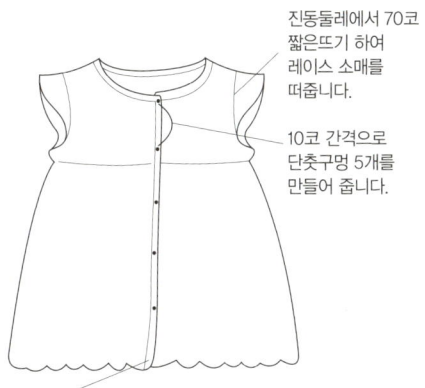

진동둘레에서 70코
짧은뜨기 하여
레이스 소매를
떠줍니다.
10코 간격으로
단춧구멍 5개를
만들어 줍니다.

앞단의 오른쪽 왼쪽, 목둘레에 짧은뜨기 3단 떠줍니다.
(콧수는 대략 220코이며 편물이 울거나 줄지 않게 콧수를
조절해 줍니다.)
2단째 앞단의 오른쪽에는 단춧구멍을 만들어 줍니다.

33 카렌 썸머 카디건

- 난이도
  ★★★★☆

- 준비물
  실크인견사
  823번(오레오믹스) – 4볼
  레이스 코바늘 4호

- 완성 크기
  55~66(122×23cm)

- 뜨개 기법

  ◯ 사슬뜨기

  ✚(✕) 짧은뜨기

  ⬬ 빼뜨기

  ⬧ = ⬧ 1길 긴뜨기
  3코 구슬뜨기

How to make...

1. 사슬 216코 시작 위치에서 사슬 216코를 만듭니다.
2. 도안대로 125단을 만듭니다.
3. ▽start2 시작 위치에 실을 새로 달아 반대쪽도 같은 방법으로 만듭니다.
4. 소매 부분을 안쪽에서 20cm를 이어줍니다.
5. 목과 몸통둘레를 마무리 방법으로 떠줍니다.

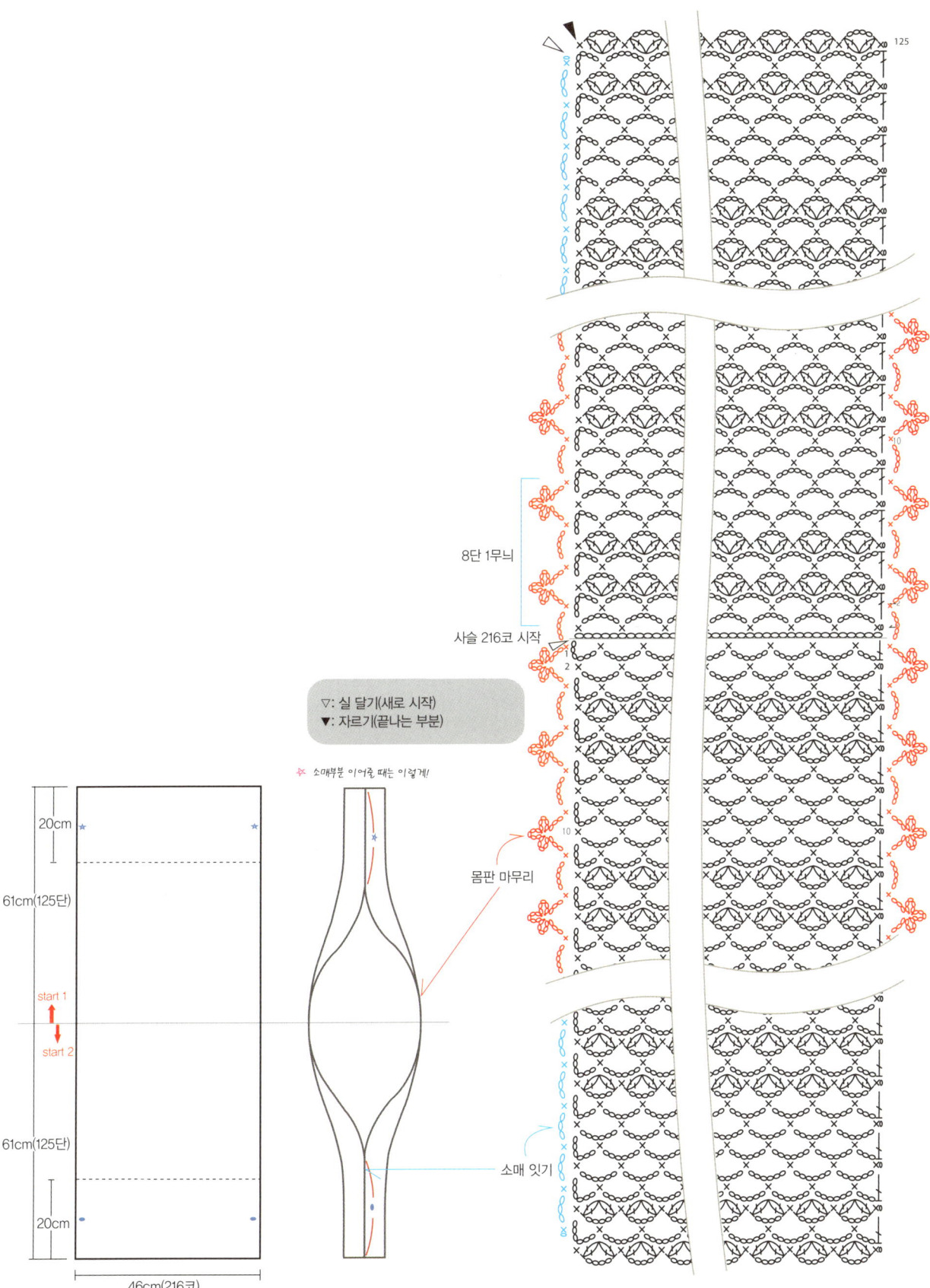

34 모카 판쵸 니트

- **난이도**
  ★★★★☆

- **준비물**
  허니 3ply(약 45g) – 총 7볼
  멜란커피베이지(18번)
  모사용 5호 코바늘

- **완성 크기**
  82×54cm(55~66 사이즈)

- **뜨개 기법**

기호	명칭
○	사슬뜨기
●	빼뜨기
＋(✕)	짧은뜨기
⋏	짧은뜨기 2코 모아뜨기
┬	1길 긴뜨기

How to make...

1. 5호 코바늘로 사슬 295코를 만듭니다.
2. 1길 긴뜨기 1, 사슬 1코를 한단 뜨고 짧은뜨기 1, 사슬 1코를 한단 뜹니다.(2단이 1세트)
3. 6세트를 뜨고 무늬뜨기를 합니다.
4. 31단까지 뜨고 같은 방법으로 한장을 더 만듭니다.(파랑색은 2단 아래 사슬에 걸어서 뜹니다.)
5. 2장을 펼쳐서 옆과 앞, 뒤 부분을 안쪽에서 잇습니다.
6. 소매와 목둘레를 마무리뜨기를 합니다.(2단)
7. 실 정리와 스팀 다림질을 합니다.

목, 소매 마무리

원형으로 2단을 뜹니다.
목둘레에서 V부분은 모아뜨기를 합니다.

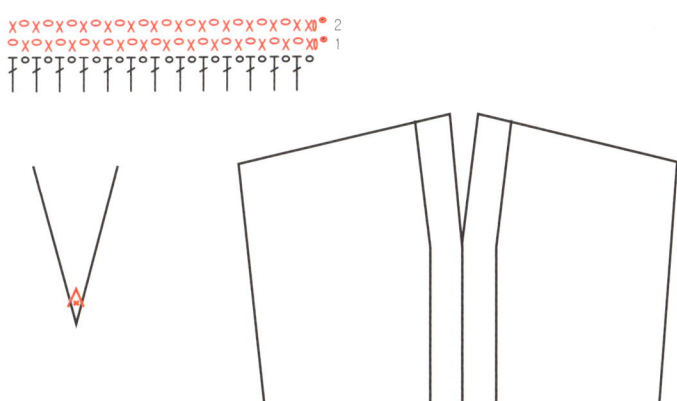

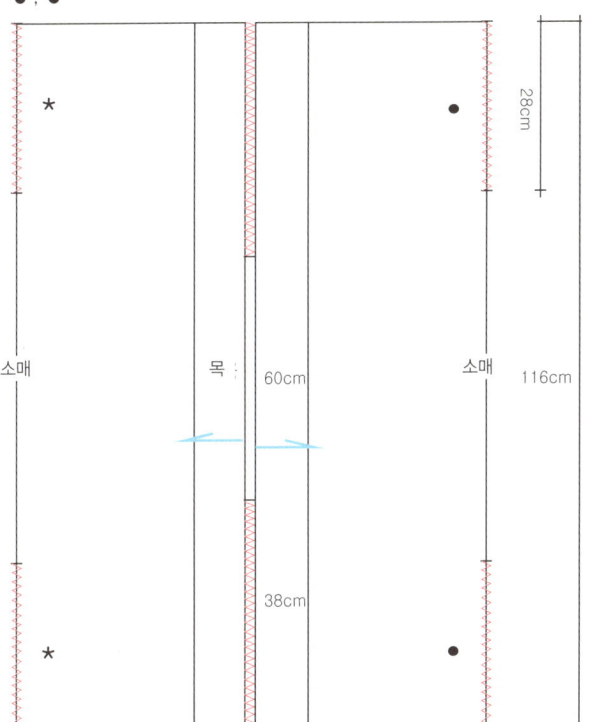

35 코바늘 뷔스티에

- 난이도
  ★★★★☆

- 준비물
  모어/ 흰색(1) 4볼
  모사용 코바늘 4호

- 완성 크기
  가슴둘레 90~95cm
  전체길이 49cm(진동 20cm, 몸판 29cm, 끈 50cm)

- 뜨개 기법

○ 사슬뜨기	V 1길 긴뜨기 1코 늘려뜨기
+(×) 짧은뜨기	솔잎뜨기
● 빼뜨기	짧은뜨기 2코 모아뜨기
┬ 1길 긴뜨기	피코 빼뜨기
╪ 2길 긴뜨기	
∨ 짧은뜨기 1코 늘려뜨기	

How to make...

1. 모사용 코바늘 4호로 도안 1의 19단까지 떠 놓습니다.
2. 새로운 실로 도안 2를 20단까지 뜬 후 사슬 131코를 떠서 미리 떠 두었던 1에 이어서 뜹니다.
3. 23단까지 평면으로 진행하며 뜨고 실을 끊습니다.
4. 24단째부터 옆선에서 실을 새로 이어 원통으로 32단까지 뜹니다.
5. 짧은뜨기를 한 단 뜬 후 도안 3과 같이 몸판을 뜹니다.
6. 양쪽의 어깨끈은 50cm 뜹니다.
7. 테두리를 떠서 완성합니다.

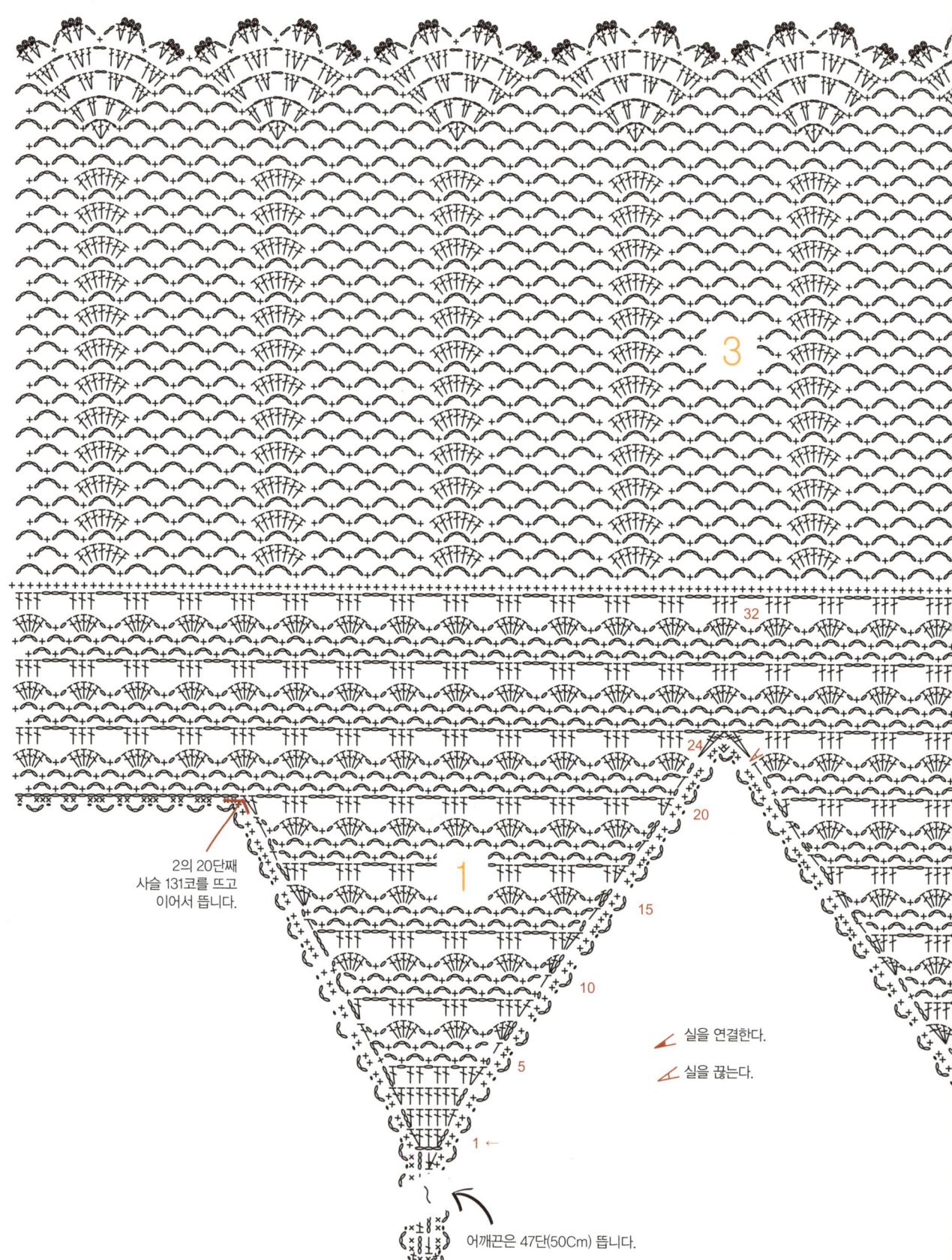

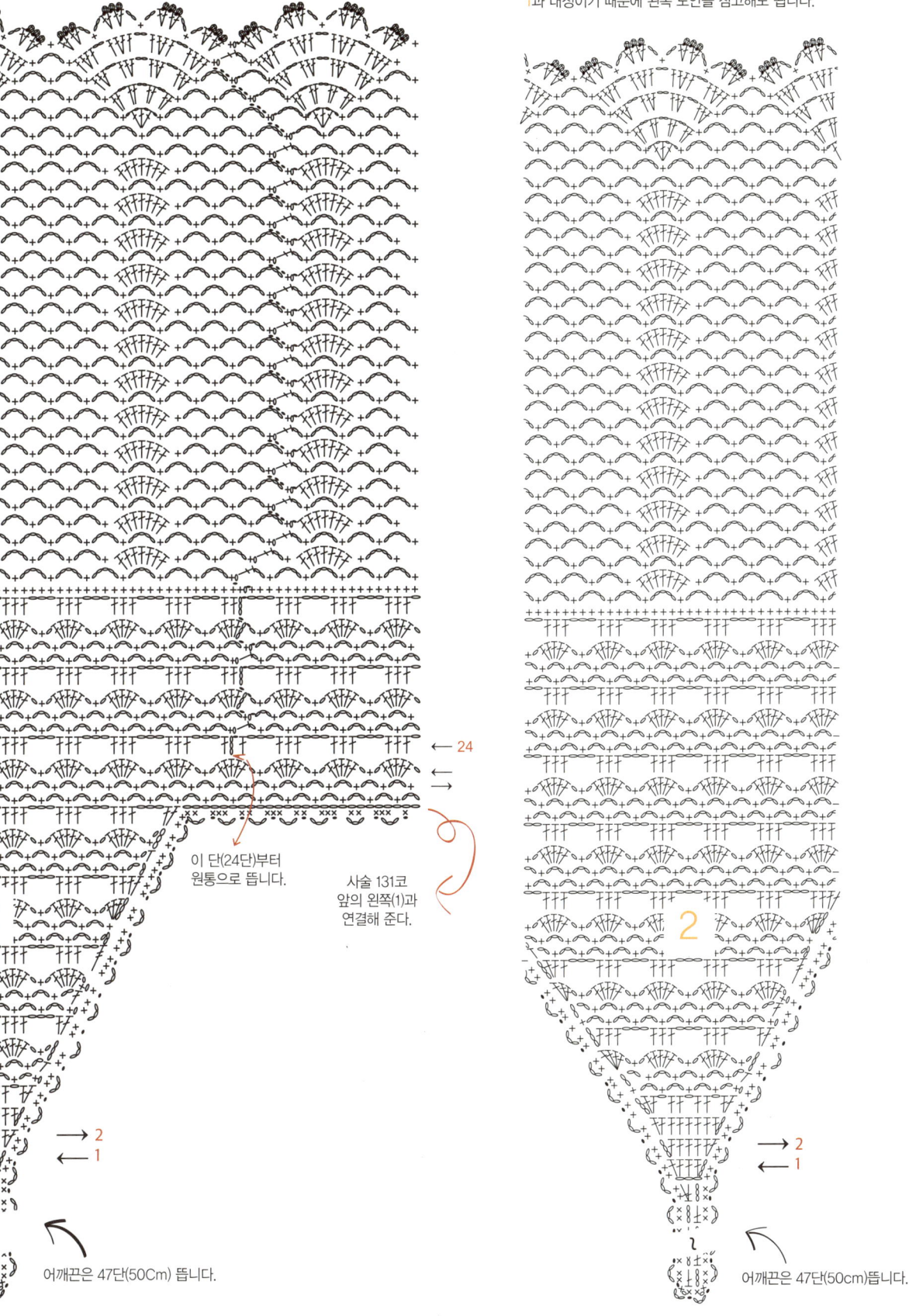

모티브의 모양을 일정하게 고정해주는
양면 블로킹 매트 활용법

● **블로킹 매트의 필요성**

뜨개 모티브를 여러 개 뜨다 보면 사이즈가 들쭉날쭉합니다. 이런 경우 같은 작품에 사용할 모티브의 크기와 모양이 일정하도록 고정하는 틀이 필요한데 이것이 바로 블로킹 매트입니다.

● **블로킹 매트의 장점**

1. 강한 고정력을 가진 EVA 스펀지로 제작

   기존의 블로킹 제품들은 모티브들을 차곡차곡 쌓으면 모티브들의 장력으로 인해 고정하기 위해 꽂아놓은 바늘들이 안쪽으로 휘게 되며, 그렇게 되면 상단과 하단의 모티브의 크기는 다를 수밖에 없습니다. 하지만 니뜨의 블로킹 매트는 2.5cm 두께의 EVA 스펀지가 탄탄하게 바늘을 고정해 줍니다. 모티브들을 높게 쌓아도 바늘이 휘어지는 것을 어느 정도 방지해 주고요.

2. 가벼운 무게로 휴대성이 좋다

   무게가 거의 느껴지지 않을 정도로 가벼운 EVA 스펀지로 제작하여, 외부에서 블로킹 작업을 할 때 간편하게 휴대할 수 있습니다.

3. 다양한 바늘 도구 사용 가능

   블로킹 매트에 모티브를 고정하기 위해서 스펀지에 꽂을 도구가 필요합니다. 보통은 튼튼하고 길이가 긴 장갑바늘을 많이 사용합니다. 하지만 니뜨의 블로킹 매트는 탄탄한 탄성의 EVA의 특성에 따라 장갑바늘 이외의 다른 여러 가지 도구들도 사용이 가능합니다. 장갑바늘, 꽈배기바늘, 돗바늘, 이쑤시개, 산적꽂이, 시침핀 등 스펀지에 꽂히는 도구는 사용이 가능합니다. 단, 구멍의 지름이 4mm이므로, 4mm보다 가는 도구를 사용하길 권합니다.

● **블로킹 매트 사용법**

매트에는 1cm 간격으로 구멍이 표시되어 있어요. 만든 모티브들이 원하는 모양이 나올 수 있도록 팽팽하게 펼쳐놓고 장갑바늘 등으로 고정해 주면 됩니다. 이때 장갑바늘은 반드시 수직으로 꽂아주어야 하며, 바늘이 기울어진 경우, 바늘을 빼서 다시 수직으로 꽂아주면 됩니다.

● **블로킹 매트 팁**

빠른 시간 안에 모티브의 모양을 잡고 싶을 때 모티브에 살짝 물을 축인 후에 블로킹 매트에 고정을 해주면 됩니다. 하지만 마를 때까지 시간이 소요됩니다.
더 즉각적인 효과를 보고 싶다면, 블로킹 매트에 모티브를 원하는 모양대로 고정한 후에 스팀다리미로 스팀을 쐬면 바로 모양을 잡을 수 있습니다. 이때 스팀에 화상을 입지 않도록 주의합니다.